TRAITÉ
SUR LE DROIT
D'INTERVENTION.

IMPRIMERIE DE LE NORMANT FILS, RUE DE SEINE.

TRAITÉ
SUR LE DROIT
D'INTERVENTION;

PAR MM. D. ET R.

Prix : 1 fr. 50 c.

A PARIS,
CHEZ LE NORMANT PÈRE, LIBRAIRE,
RUE DE SEINE, N° 8, F. S. G.
MDCCCXXIII.

Tous les exemplaires de cet ouvrage seront signés par initiales, et paraphés, ainsi qu'il snit :

AVANT-PROPOS.

Depuis long-temps on discute sur le droit d'intervention : mais l'opinion publique ne nous paroît point encore fixée sur cette importante question, et nous croyons qu'un traité sur cette matière ne sera pas vu sans intérêt.

Ceux qui nous liront verront que nous avons travaillé sans guide, et véritablement où en aurions-nous trouvé ? Puffendorff, Grotius et les autres auteurs qui ont traité du droit des gens ne parlent point du droit d'intervention, et si depuis trente ans on a en beaucoup parlé à l'occasion des grandes révolutions dont l'Europe a été le théâtre, il faut en convenir, les argumens qu'on a employés de part et d'autre dans cette discussion sont si fortement empreints de l'esprit de parti que bien peu d'entre eux pourroient être avoués par la saine raison.

Nous nous sommes donc trouvés dans un très-grand embarras ; et, pour en sortir sans mériter le reproche que nous adressions tout à l'heure à ceux qui ont discuté la question avant nous, nous nous sommes élevés au-dessus des passions du moment, et nous avons traité du droit d'intervention en général.

Néanmoins, si, après avoir parcouru cet ouvrage, quelques lecteurs éprouvoient le désir de faire l'application de nos doctrines à un fait particulier, nous pourrions encore les satisfaire ; car, après avoir composé ce traité sur le droit d'intervention en général, nous n'avons pas craint de prendre parti dans les débats que la révolution d'Espagne a fait naître en Europe, et ceux qui voudront connoître nos idées à cet égard les trouveront consignées dans un ouvrage qui a pour titre : *Dernières Considérations sur la conduite que la France a tenue jusqu'à ce jour, et sur celle qu'elle doit tenir à l'avenir vis-à-vis de l'Espagne.*

TRAITÉ
SUR LE DROIT
D'INTERVENTION.

TOUTES les sociétés dans lesquelles sont répartis les hommes qui font avec nous le voyage de la vie, diffèrent les unes des autres par quelque point essentiel : peut-être même ne s'en trouve-t-il pas deux sur la terre qui soient régies par des gouvernemens absolument semblables ; et lorsqu'on vient à considérer que ces nuances ont toujours été aussi nombreuses qu'elles le sont aujourd'hui, lorsqu'on vient à considérer surtout que c'est presque toujours à ces nuances mêmes que chaque peuple attache l'idée de sa liberté, l'idée de son bonheur (1), que doit-on penser de ces hommes qui voudroient qu'on établît partout la même forme de gouvernement ?

Encore, s'ils se bornoient à consigner leurs vœux dans leurs livres, on pourroit les plaindre comme on plaint ceux qui poursuivent une chimère : mais lorsque nous les voyons incessamment occupés de leurs projets, employer, pour les réaliser, la force ou des machinations souvent plus efficaces que la force, nous ne pouvons plus les considérer que comme des hommes dangereux pour le repos de leurs semblables ; et si une nation tout entière, devenant leur complice, prétendoit obliger ses voisins à changer les gouvernemens sous lesquels ils vivent, cette nation seroit bien coupable aux yeux de toutes les autres ; car s'il est un principe universellement reconnu, c'est assurément ce principe du droit des gens qui dit qu'*aucune puissance n'a le droit d'intervenir à main armée dans les affaires intérieures d'une autre puissance, pour l'obliger à changer sa constitution.*

Mais si de tout temps les peuples généreux ont été fortement pénétrés de ce principe, et si nous en avons vu plusieurs s'exposer, pour le défendre, aux plus grands maux, à la destruction même, il ne faut pas qu'on se méprenne sur les motifs de leur résistance. Cette noble résistance prouve bien qu'ils étoient bien convaincus qu'une nation à laquelle on ose commander de pareilles choses, cesse d'être une nation ; mais, s'il faut le dire, elle ne prouve presque jamais rien de plus, et on auroit surtout presque toujours tort d'en conclure de la part de ces peuples un grand attachement pour leurs institutions, puisqu'on en a vu plusieurs les sacrifier d'eux-mêmes, aussitôt que le danger étoit passé.

Et ne nous en étonnons point, car telle est la nature de l'homme, que non seulement il ne peut pas être d'accord avec tous ses semblables, mais qu'il ne peut pas même être long-temps d'accord avec lui-même sur le mérite des choses (2) !

Puis, il faut le dire aussi pour notre justification, il est en politique surtout des choses qui sont bonnes dans un moment, et mauvaises dans un autre : l'histoire des temps passés nous montre plusieurs périodes pendant lesquelles certains peuples ont vu la masse de leurs maux augmenter prodigieusement; et, certes, nous ne pouvons pas blâmer ceux de ces peuples qui demandèrent alors des changemens dans leurs institutions devenues impuissantes ; nous ne pouvons même pas nous résoudre à condamner indistinctement tous ceux qui cherchèrent à les effectuer par eux-mêmes, quelque portés que nous soyons à désapprouver en général l'usage d'un pareil moyen.

Enfin, nous le dirons avec franchise, s'il se trouvoit dans une nation des hommes qui voulussent rendre tout changement, et par consé quent toute amélioration impossible dans la constitution de leur pays, ces hommes, en se mettant aussi ouvertement en contradiction avec l'un des désirs les plus prononcés chez l'homme (nous pourrions même dire avec l'un de ses plus grands besoins), ne devroient pas s'étonner s'ils étoient poursuivis dans leur entreprise par la haine de leurs concitoyens; et si une nation tout entière, imbue de leurs principes, prétendoit empêcher tout changement dans l'administration intérieure de ses voisins, cette nation mériteroit certainement l'inimitié de toutes les autres pour son injustice, car c'est encore un principe bien reconnu du droit des gens, qu'*aucune puissance n'a le droit d'intervenir à main armée dans les affaires intérieures d'une autre puissance pour l'empêcher de changer sa constitution.*

Voilà donc, à notre avis, deux principes bien constans, savoir qu'une puissance n'a pas le droit de forcer une autre puissance à changer sa constitution, et qu'elle n'a pas non plus celui de l'en empêcher: mais nous devons ajouter que ces deux principes ne nous paroissent pas obligatoires au même degré, et que dans l'application le premier nous paroît devoir être observé beaucoup plus rigoureusement que le dernier.

Vouloir obliger une nation à changer une

vieille constitution à laquelle elle est habituée, à laquelle tous ses voisins sont habitués également, et dont la singularité ne frappe plus personne, c'est et ce sera toujours un acte de violence que rien ne pourra faire excuser.

Mais vouloir empêcher une nation de changer ses vieilles institutions, ce n'est quelquefois qu'un acte de prudence que peuvent justifier de bien graves considérations; car enfin il est constant que ces grands changemens ne s'opèrent presque jamais sans compromettre plus ou moins le repos des autres nations.

Et si ces changemens étoient accompagnés de circonstances extraordinaires; si, par exemple, ils faisoient naître une guerre civile au sein de la nation qui les a effectués, ou s'ils amenoient chez la même nation le triomphe d'un parti qui chercheroit à propager ses principes au dehors, il ne resteroit plus de doutes dans notre esprit; et, nous le disons hautement, toutes les puissances voisines de ce foyer de révolutions auroient alors à nos yeux le droit d'intervenir dans les affaires d'un pays livré à de pareils désordres; car si tout à l'heure nous avons posé des principes favorables à la liberté générale, nous voulons tenir la balance égale entre toutes les nations; nous ne voulons pas que l'une d'elles puisse compromettre, par l'abus de sa liberté, la liberté de toutes les autres; et, pour ne laisser aucun doute sur nos intentions à cet égard, voici en quels termes nous énonçons notre opinion sur le droit d'intervention en général : nous pensons que *jamais et en aucun cas une puissance n'a le droit d'intervenir à main armée dans les affaires intérieures d'une autre puissance, pour l'obliger à changer son ancienne constitution, et qu'en général une puissance n'a pas non plus le droit d'intervenir à main armée dans les affaires intérieures d'une autre puissance, pour l'empêcher de changer son ancienne constitution, mais qu'elle acquiert ce dernier droit dans les deux cas suivans, savoir:*

1°. *Lorsque son existence est mise en péril par une guerre civile allumée au sein de cette puissance, par suite de ce changement.*

2°. *Lorsque son existence est mise en péril par les machinations du parti qui domine cette puissance, par suite du même changement.*

Telles sont les propositions que nous mettons en avant, et que nous allons successivement démontrer dans les deux paragraphes suivans.

§. PREMIER.

Pourquoi l'existence de la guerre civile dans un pays est pour les pays voisins un motif d'intervention ?

Il fut un temps où les hommes qui dirigeoient les destinées des nations, regardoient comme une circonstance très-heureuse pour leur pays l'existence de la guerre civile dans un pays voisin, et ils attisoient toujours ce feu avec joie, dans l'espoir que le peuple qui en étoit dévoré, s'abîmeroit un jour sous la fureur des partis, et qu'alors ils pourroient l'envahir ou tout au moins lui enlever quelques unes de ses provinces; mais l'histoire des peuples braves prouve presque partout la fausseté des spéculations auxquelles se livroient ces politiques à vue courte; et il est aujourd'hui bien démontré qu'une grande nation ne périt presque jamais dans les révolutions auxquelles elle se trouvé exposée (3), comme il est bien démontré aussi que, lorsqu'elle sort de la guerre civile, elle est pour ses voisins la plus redoutable des nations (4).

Ainsi, du moment où dans un pays qui vous touche, les partis sont assez violens pour en venir aux mains, persuadez-vous bien que votre existence se trouve gravement compromise.

Peut-être cependant le péril ne vous paroîtra-t-il pas d'abord bien grand. L'animosité des partis sera telle, que dans les premiers momens ils ne s'occuperont que des moyens de s'entre-détruire; mais bientôt l'un des deux l'emportera sur l'autre, et c'est alors que pour vous commencera le danger; car, sous quelque forme de gouvernement que vos voisins se trouvent constitués, soyez bien assurés qu'ils vous feront la guerre.

Supposez que sur les ruines de l'ancien gouvernement il vienne à s'établir une république, vous aurez la guerre parce que ce gouvernement, ayant toujours à craindre de périr dans quelque mouvement populaire, ne manquera pas d'employer ce moyen pour calmer les esprits (5).

Supposez qu'au lieu d'une république ce soit la dictature d'un chef de parti victorieux, vous aurez la guerre parce que ce chef ambitieux, bien convaincu que les hommes de son parti ne le conserveroient plus à leur tête, s'ils cessoient d'avoir besoin de lui, leur cherchera partout des ennemis, lorsqu'il ne pourra plus leur en trouver dans sa patrie (6).

Et si vous supposez que ce soit l'ancien gouvernement qui triomphe, vous aurez encore la guerre parce que ce gouvernement, ayant d'un côté d'anciens ennemis qui le menacent, de l'autre d'anciens amis qui lui demandent des récompenses qu'il n'est pas en état de leur accorder, ne verra qu'une guerre étrangère qui puisse le délivrer de tous ces hommes remuans qui l'inquiètent ou qui l'importunent (7).

Et dans toutes ces hypothèses persuadez-vous bien que ce ne sera point une guerre ordinaire, mais une guerre de géants que vous aurez à soutenir; car, pour peu que le parti dominant agisse avec adresse, ce ne sera pas seulement avec ses forces, ce sera bientôt avec les forces de sa nation tout entière qu'il vous attaquera, et il entraînera avec la plus grande facilité contre vous tous ces hommes exaltés qui furent autrefois ses ennemis, mais qui, sensibles à la gloire, et plus sensibles encore au souvenir des plaisirs que leur fit goûter la liberté des camps, ne peuvent plus supporter la monotonie de la vie civile, et non seulement eux, mais leurs enfans et toute cette jeunesse remuante qui aura grandi au milieu des troubles de sa patrie (8)!

Or, lorsque les choses en seront venues à ce point, et qu'au milien de votre peuple de laboureurs ou de marchands, vous serez incessamment attaqués par ce peuple de soldats, comment pourrez-vous conserver votre liberté (9)?

Mais, s'il vous est bien démontré qu'au sortir de leur guerre civile vos voisins seront entraînés par leur penchant, nous pourrions même dire par un besoin irrésistible à vous faire la guerre (10), et s'il vous est bien démontré que dans cette hypothèse toutes les chances seront contre vous, hâtez-vous donc de prévenir le danger en éteignant promptement un incendie que bientôt vous ne pourriez plus maîtriser; et, pour parvenir plus sûrement à votre but, unissez toutes vos forces à celles du parti qui vous paroîtra le plus juste et le plus propre à rétablir l'ordre dans son pays (11).

§. II.

Pourquoi les machinations d'un parti qui, après avoir établi sa domination dans son pays, cherche à propager ses principes au dehors, sont pour les pays qu'elles menacent un motif d'intervention?

Pour prouver qu'une puissance est autorisée à exercer le droit d'intervention contre les partis dominans en pays étrangers qui la menacent par des machinations révolutionnaires, il nous suffiroit peut-être de rappeler ici ce principe émis au commencement de ce chapitre : « Qu'une puissance ne doit point chercher à forcer une autre puissance à changer sa constitution; » et de dire qu'un parti qui est parvenu à établir sa domination sur sa nation, au point de la faire servir d'instrument à ses injustices, doit être considéré comme la nation même à laquelle il appartient; mais, pour prouver que nous ne craignons pas d'aborder la question tout entière, nous allons justifier par d'autres considérations la proposition que nous venons d'avancer.

Dans l'état actuel des sociétés, toutes les grandes nations sont partagées en trois classes, savoir : la classe supérieure, la classe moyenne et la classe inférieure (12), et on sait que la seconde est jalouse de la première, et que la dernière l'est des deux autres. Cependant dans les temps ordinaires cette jalousie ne produit pas de trop mauvais effets ; souvent même elle est une cause de prospérité pour les nations, et surtout pour celles chez lesquelles une sage constitution a fait disparoître cette multitude de barrières qui s'opposent ailleurs aux plus grands efforts du génie (13); mais lorsque des hommes profondément versés dans l'art des révolutions cherchent à dégrader cette émulation en la changeant en haine ; lorsqu'ils entretiennent sans cesse les classes inférieures des attentats qu'ils supposent formés par les classes supérieures contre la liberté générale, et lorsqu'ils cherchent à leur persuader surtout qu'elles n'ont point d'autre moyen d'améliorer leur sort que de faire une révolution dans leur pays, c'est alors que toutes les grandes nations s'aperçoivent, mais trop tard, des nombreux élémens de destruction qu'elles renferment (14).

Et si une nation voisine ou un parti tout puissant dans cette nation protégeoit ouvertement les dangereuses manœuvres des hommes dont nous parlons, comment la nation en butte à de telles attaques pourroit-elle déjouer des complots calculés sur une aussi vaste échelle?

Ah! qu'on ne se flatte pas d'éviter long-temps un pareil danger par la seule prévoyance des lois! pour les nations ainsi menacées il n'est qu'un seul moyen d'assurer leur existence, et c'est de réduire promptement à l'impuissance, par la force de leurs armes, la nation qui se livre à de si coupables excès!

Par ce qui précède, nous croyons avoir démontré qu'une puissance est en droit d'intervenir à main armée dans les affaires intérieures d'une autre puissance, lorsque son existence est compromise par une guerre civile, flagrante au sein de cette puissance, ou par les machinations du parti qui la domine; et on pourroit croire que notre tâche est remplie; mais elle ne l'est point encore, car nous avons à répondre à deux objections en quelque sorte préjudicielles, à l'aide desquelles on prétend empêcher l'exercice du droit d'intervention.

Si vous ne voulez, nous dit-on, que vous mettre en mesure de résister aux attaques que pourroit diriger un jour contre votre liberté cette multitude égarée, que la guerre civile va armer chez vos voisins, vous n'avez qu'à faire avec les puissances qui vous entourent un traité d'alliance dans lequel il sera dit que ces puissances viendront toutes à votre secours si vous êtes attaqués par les révolutionnaires.

Et si vous ne voulez, nous dit-on encore, que vous préserver des dangers dont vous menacent les machinations révolutionnaires dont vous parliez tout à l'heure, vous n'avez qu'à rompre tous les rapports qui existent entre votre peuple et celui qui cause vos alarmes.

Et on pense qu'en usant de ces moyens, les puissances qui avoisinent les foyers de révolution n'auroient plus rien à en craindre? on pense même que, par le premier de ces moyens, on pourroit en imposer à tel point aux révolutionnaires qu'ils n'oseroient jamais franchir les limites de leur pays; et que par le second, on paralyseroit sur-le-champ tous leurs efforts? Mais, pour prouver combien peu ces idées sont fondées, il nous suffira de quelques observations.

Lorsqu'une grande nation entre dans la carrière des révolutions, elle acquiert, dès ce moment, pour la guerre, un avantage immense sur les nations qui ont un gouvernement régulier. Assurément il ne viendra pas dans l'esprit d'un gouvernement régulier de dépouiller l'un après l'autre, lorsqu'il aura besoin d'argent, tous les citoyens riches qui vivent sous ses lois; dans ses plus grandes nécessités il ne cherchera jamais à se procurer les choses dont il aura besoin, que par des voies légales et des mesures uniformes dont l'exécution est si lente et quelquefois si pleine d'inconvéniens; mais qui ne sait que l'habitude des révolutionnaires de tous les pays est de prendre de l'argent *où ils en trouvent* (15), dans le très-petit nombre de cas où ils ne peuvent absolument s'en passer, car telle est la nature de ces gouvernemens où chacun paie de sa personne, qu'ils n'ont presque pas besoin d'argent pour faire la guerre (16)?

Et si on joint à cet avantage déjà si grand pour les révolutionnaires celui de pouvoir appeler avec la plus grande facilité sous leurs drapeaux une multitude exaltée, et dès lors si éminemment propre à la guerre, il nous semble qu'on doit bien concevoir la supériorité que donne à une nation la circonstance de la guerre civile dans laquelle elle se trouve engagée; mais cette supériorité est réellement beaucoup plus grande qu'on ne peut l'imaginer au premier coup d'œil!

Combien de fois n'a-t-on pas vu une grande nation en cet état attaquer en même temps quatre ou cinq nations aussi puissantes qu'elle. et les subjuguer en peu de temps ou les réduire à lui demander la paix? Et après les grandes leçons que nous a laissées l'histoire de ces derniers temps, n'est-ce pas aujourd'hui une vérité banale, que toutes ces grandes alliances défensives sont des digues impuissantes contre les torrens révolutionnaires, lorsque ces torrens sont dans toute leur force (17)?

Hé bien, s'il faut le dire, nous ne pouvons pas avoir beaucoup plus de confiance dans le moyen qu'on nous propose pour nous garantir de la contagion morale, que les nations en révolution cherchent à communiquer à leurs voisins (18).

Cependant nous concevons bien qu'il puisse être employé quelquefois sans inconvénient; nous concevons bien, par exemple, qu'une nation qui ne touche à une autre nation que par un très-petit nombre de points, ou qui n'a avec elle que très-peu de relations, puisse sans danger rompre tous ses rapports avec cette nation: mais une cessation absolue de commerce entre deux grands peuples qui se touchent par un grand nombre de points, et qui sont liés l'un à l'autre par des besoins réciproques, pouvons-nous envisager de sang-froid un pareil événement?

Et d'abord, pourrions-nous bien compter que cette mesure seroit exécutée assez sévèrement sur toute l'étendue de notre frontière, pour que nous ne fussions pas atteints par la contagion que nous redoutons? Ou, si nous parvenions à nous rassurer sur ce point, qui pourroit nous garantir que la plus vive irritation ne se manifesteroit pas bientôt dans quelques unes de nos provinces, par suite des sacrifices douloureux que nous leur aurions imposés? Qui pourroit même nous répondre que nous n'aurions pas des révoltes à punir?

Ah! jamais nous ne conseillerions une pareille mesure, car jamais un peuple lésé dans ses plus chers intérêts ne l'approuveroit, et elle ne feroit que rendre plus dangereuses les séductions révolutionnaires dont il seroit entouré.

Il faut donc en convenir, toutes ces précautions sur l'effet desquelles on paroît tant compter, ne sont que d'insignifians palliatifs qui ne feroient qu'éloigner les maux dont nous menacent les révolutions, mais qui ne les préviendroient pas, et qui ne nous sauveroient pas aux jours du danger : et, si l'on veut donner aux nations une sauve-garde qui puisse réellement assurer leur salut, il faut en revenir au droit d'intervention qui seul peut guérir le mal, parce que seul il l'attaque dans sa racine.

Et qu'on cesse de taxer cette mesure d'injustice, car au point où la discussion se trouve actuellement rendue, n'est-il pas évident que le droit d'intervention n'est autre que le droit de la défense lui-même mis en action par anticipation dans le seul moment où la défense soit possible (19)?

Mais si le droit d'intervention est incontestable, nous ne nous dissimulons pas qu'il peut encore donner lieu à d'assez graves objections, tant que son mode d'exécution ne sera pas bien défini : hé bien, définissons-le donc, car aussi bien il est très-important de savoir à quel signe on pourra reconnoître si les craintes manifestées par une puissance qui veut exercer le droit d'intervention contre ses voisins sont bien ou mal fondées.

Nul ne peut être juge dans sa propre cause, nous dit un des nombreux adages que nous a laissés ce peuple qui, après avoir long-temps dominé la terre par la force de ses armes, la dominera peut-être éternellement par la sagesse de ses lois ! Et si ce principe n'a point été posé pour le droit des gens, qui pourroit dire qu'il ne doit point lui être appliqué, et surtout dans une question comme celle-ci où il y auroit tant à craindre que la mauvaise foi n'exagérât des circonstances insignifiantes pour masquer des vues particulières d'ambition ? Aussi voici, à notre avis, la conduite que doit tenir toute puissance qui se trouve dans la nécessité d'user du droit d'intervention.

D'abord elle devra employer tous les moyens possibles de conciliation pour amener la puissance qui cause ses alarmes, à prendre des mesures propres à les faire cesser.

Que si ses démarches auprès de cette puissance sont infructueuses, elle pourra rompre tous les rapports qu'elle entretenoit avec elle, si elle se trouve dans une situation à pouvoir prendre une pareille mesure sans inconvéniens.

Mais si, comme cela arrivera le plus souvent, elle ne faisoit qu'augmenter par cette rupture les dangers de sa position, alors elle devra faire connoître ces dangers à une ou plusieurs puissances désintéressées dans le débat, en leur demandant d'employer leurs bons offices pour amener la puissance en question à tenir une conduite moins alarmante pour ses voisins (20).

Et si les puissances médiatrices, après avoir

employé sans succès tous leurs efforts pour rétablir la bonne harmonie entre les deux puissances, déclarent à la fin qu'il y a danger pour celle qui a sollicité leur entremise à rester plus long-temps spectatrice des désordres qui se commettent chez ses voisins, cette puissance pourra certainement alors user du droit d'intervention dans toute sa rigueur : car qui pourroit lui contester l'exercice d'un droit dont la nécessité aura été si solennellement reconnue (21)?

Enfin, grâces au Ciel, nous entrevoyons le terme de cette discussion ! nous avons prouvé qu'il est des cas où une puissance est en droit d'intervenir à main armée dans les affaires intérieures d'une autre puissance, et nous venons de prouver qu'il est très-facile de prévenir l'abus que la mauvaise foi pourroit faire de ce droit. Nous avons donc rempli notre tâche ! mais qu'on nous permette d'ajouter encore ici quelques réflexions qui se rattachent trop naturellement à notre sujet pour que nous négligions de les présenter à nos lecteurs.

Si le droit d'intervention ne devoit être exercé que par certaines puissances, peut-être n'inspireroit-il aucune inquiétude, peut-être même le regarderoit-on comme une des précautions les plus propres à assurer les progrès de la civilisation et de la liberté ; mais, nous dit-on, toutes les puissances peuvent l'exercer ; et si celles du Nord l'exercent souvent, il est à craindre que par l'abus qu'elles en feront, elles ne fassent périr cette liberté dont nous jouissons dans le midi de l'Europe, et dont elles sont ennemies. Et ainsi, en prouvant que toutes les nations sont pour ainsi dire solidaires entre elles, et qu'elles doivent toutes s'entr'aider dans les temps de troubles, nous n'aurions fait que remettre entre les mains de quelques unes d'entre elles une arme dangereuse pour toutes les autres ! Mais non, il n'en est point ainsi, et les craintes qu'on nous témoigne sont de pures chimères !

Non, il n'est pas vrai que les puissances du Nord soient ennemies de la liberté ! Non, il n'est pas vrai qu'elles méditent de la détruire dans le midi de l'Europe ! Bien loin de là, elles cherchent au contraire à la naturaliser un jour dans leur pays !

Qui ne sait les soins que prennent aujourd'hui tous les souverains pour faire pénétrer la civilisation jusqu'au fond de leurs Etats ? Qui ne sait les soins qu'ils se donnent surtout pour inspirer à leurs peuples le goût du commerce ? Et qui ne sait que la civilisation et le commerce mènent toujours à leur suite la liberté ?

Nous devons même ajouter qu'il n'est peut-être pas aujourd'hui en Europe un seul souverain qui ne fût disposé à renoncer au pouvoir absolu que lui ont transmis ses ancêtres, s'il pouvoit croire qu'un tel sacrifice pût contribuer *actuellement* au bonheur de ses sujets (22); mais ils pensent que l'émancipation de leurs peuples ne pourroit pas s'opérer quant à présent sans danger pour leur pays: et peut-on les blâmer si dans cette appréhension ils ajournent à un temps plus heureux cette grande amélioration ?

Pour nous, nous ne les blâmerons point: nous savons combien ces grands changemens présentent en général de difficultés ; nous pensons qu'il doit s'écouler beaucoup de temps encore avant qu'ils puissent s'effectuer sans danger dans la plupart des pays de l'Europe : nous pensons même que dans quelques pays du Nord ils ne peuvent être que l'ouvrage des siècles (23)!

Et si d'imprudens novateurs, emportés par leur impatience, cherchoient à réaliser en quelques années ces grands changemens que nous confions à la sagesse des siècles; si, comme ils l'ont déjà tenté plus d'une fois, ils cherchoient encore à porter violemment la liberté dans les pays du Nord (24), nous dirions aux souverains qui règnent dans ces contrées : Opposez-vous de toute votre puissance à ces dangereuses manœuvres, car c'est le seul moyen que vous ayez de garantir du naufrage cette civilisation dont vous avez déjà fait goûter les prémices à vos peuples ; et c'est même, nous devons le dire, le seul moyen qui puisse la sauver dans le reste de l'Europe.

Ah ! malheur aux nations si des mains imprudentes alloient en ce moment secouer sur les pays du Nord la torche de ce nouveau fanatisme qui a déjà allumé tant d'incendies dans le Midi !

Lorsqu'on songe aux ténèbres épaisses qui environnent les peuples de ces climats, lorsqu'on songe surtout à l'influence immense qu'exercent sur l'esprit de ces peuples les hommes qui les dominent aujourd'hui, peut-on croire que dans une guerre civile ils parviendroient à briser leurs chaînes ? et n'est-il pas plutôt de la plus effrayante évidence qu'ils retomberoient encore sous le joug de leurs anciens maîtres (25) ?

Et si ces maîtres irrités, renonçant à ce système de douceur qu'ils ont tous adopté de nos jours, appesantissoient de nouveau sur leurs vassaux ces chaînes autrefois si lourdes, quel espoir resteroit-il aux amis de l'humanité de voir un jour la liberté pénétrer dans ces pays gardés par une tyrannie soupçonneuse (26) ?

Et si ces mêmes hommes agités par la crainte de voir renouveler des tentatives aussi dangereuses pour leur autorité, cherchoient à étouffer la liberté dans tous les pays où elle trouve des apôtres, nous le demandons avec inquiétude, comment l'Europe pourroit-elle se soustraire à un si grand danger?

Souvenons-nous que les misérables peuplades de la Tartarie ont deux fois envahi le puissant empire de la Chine! Souvenons-nous qu'elles ont plusieurs fois renversé tous les trônes de l'Asie; et, s'il faut des exemples tirés de notre vieille Europe, hé bien, souvenons-nous que ce sont les hommes du Nord qui ont renversé, il y a quelques siècles, le plus puissant empire qui fût jamais!

Et si d'imprudentes provocations alloient rallumer dans ces climats cette ardeur pour la guerre, cette soif de conquêtes qu'on y trouvoit dans les temps anciens, qui nous garantit que nous ne verrions pas sortir encore de tant de terres inconnues des essaims innombrables, comme ceux qui en sortirent autrefois pour ravager la terre? et qui nous garantit que nous serions assez heureux pour échapper à la domination de ces barbares (27)?

Ou si par d'innombrables combats nous parvenions à conserver cette civilisation, ouvrage de tant de siècles, et cette liberté si chèrement acquise, qui pourroit nous garantir que bientôt après nous ne les verrions pas périr l'une et l'autre par les mains de ceux mêmes qui auroient été chargés de les défendre (28)?

O Ciel, éloigne de notre vue ces sinistres présages, et détourne les maux dont ils nous menacent! mais seroit-il bien possible que l'entêtement de quelques hommes pour de vains systèmes et d'incompréhensibles doctrines, pût nous exposer à de si grands périls (29)?

Non, non, ces hommes dangereux ne sont point assez nombreux en Europe, et leurs doctrines y ont fait trop peu de progrès pour que nous puissions les redouter à ce point! et d'ailleurs, à quoi tient-il que tout cet échafaudage élevé par des mains impies ne s'écroule en peu de temps? Que les puissances disent un mot; qu'elles déclarent hautement et en toute occasion qu'elles poursuivront comme ennemis de l'humanité *tous ceux qui auront livré leur patrie aux horreurs de la guerre civile, ou qui auront cherché à entraîner les nations dans l'abîme des révolutions*, et bientôt nous verrons rentrer dans le néant tous ces hommes aujourd'hui si audacieux qui semblent se jouer avec les révolutions, et dont la coupable imprudence nous expose à voir encore une fois périr par toute la terre la civilisation et la liberté (30).

NOTES.

(1) Cela se voit surtout dans les temps anciens, où, comme l'observe Montesquieu, les titres de Roi ou de consul, portés par ceux qui gouvernoient, faisoient le bonheur d'un peuple et le désespoir d'un autre.

(2) Nous avons parlé des nuances nombreuses qui existent dans le gouvernement des différens peuples; mais ce qui n'est pas moins remarquable, c'est ce nombre prodigieux de changemens qui s'opèrent dans la constitution de chaque peuple, à chaque siècle, et même à chaque génération.

Depuis quatorze siècles, la France vit sous le régime monarchique: mais quels rapports peut-on trouver entre la monarchie de Clovis et celle de Charles-le-simple, entre celle de Hugues Capet et celle de Louis XIV, et enfin, entre celle d'avant la révolution et celle d'aujourd'hui?

Autant de règnes, autant de formes de gouvernement réellement différentes.

(3) Toutes les grandes nations ont eu leurs révolutions, et combien en cite-t-on qui aient péri dans ces crises?

Dans toute l'histoire moderne, nous n'en connoissons qu'un seul exemple, celui de la Pologne; et encore la chute de cette puissance tient-elle à des circonstances toutes particulières qu'il est bon de rappeler pour qu'on n'en tire pas de fausses inductions.

Quelques milliers de nobles, et des millions d'esclaves,

voilà quelle étoit la Pologne : dans une grande question, les nobles se divisèrent en deux partis, comme cela arrivoit toujours dans leurs assemblées orageuses : la Russie, l'Autriche, la Prusse, s'unissant pour profiter de leurs dissensions, leur dirent : « Vous êtes des brouillons, qui » n'avez jamais pu vous entendre ; il est temps que votre » pays soit délivré des troubles sans fin que vous lui suscitez : en conséquence, nous allons le partager ; et pour » vous, hâtez-vous de vous soumettre à vos nouveaux » maîtres, car si vous résistez, nous vous ôterons les » biens immenses que vous possédez, et cette multitude » d'esclaves qui travaille pour vous procurer toutes les » jouissances de la vie ! » Et les nobles de tous les partis se soumirent.

Mais croit-on que les choses se fussent passées de la sorte, si la nation polonaise, qui étoit alors composée de près de seize millions d'hommes, eût pris une part sérieuse aux débats qui existoient entre ses chefs, et si elle se fût trouvée tout entière franchement divisée en deux camps par la guerre civile, comme cela est arrivé en France durant nos guerres de religion, et comme cela nous est encore arrivé il y a trente ans ? Croit-on que deux partis composés l'un et l'autre d'une multitude d'hommes peu fortunés, pour lesquels la liberté auroit pour ainsi dire été la seule richesse, ne se seroient pas réunis pour empêcher leur patrie de passer sous un joug étranger ?

Mais, nous dit-on, dans les guerres civiles les partis sont quelquefois si animés, qu'ils en viendroient à cet excès plutôt que de laisser triompher le parti contraire ! Et quels exemples en cite-t-on ? Quelques hommes ambitieux, et en bien petit nombre encore ! Mais un parti tout entier, se rendant coupable à ce point envers son pays, voilà ce qu'on ne voit nulle part dans l'histoire des peuples braves. Et que d'exemples contraires ne pourrions-nous pas citer si nous ne craignions pas de nous engager dans des détails fastidieux pour ceux qui connoissent l'histoire des nations? toutefois nous ne pouvons résister au désir d'en citer un, dont le souvenir nous cause toujours une vive émotion, parce qu'il met dans tout son jour le noble caractère de ces hommes, qui, par leur bravoure et leur loyauté chevaleresque, ont à jamais immortalisé la Vendée!

Un général républicain, homme fort brave, et en même temps fort attaché à son opinion, étant tombé au pouvoir des royalistes, dit un jour à M. de Lescure: « *Voilà donc les Autrichiens maîtres de la Flandre! Vous* » *êtes aussi victorieux! La contre-révolution va se faire, et la France sera démembrée par les étrangers.* » M. de Lescure lui dit « *que jamais les royalistes ne souffriroient une pareille* » *chose, et qu'ils se battroient pour défendre le territoire* » *français!* » (*a*) Et lorsqu'on songe que M. le marquis de Lescure étoit un des chefs les plus respectés de la Vendée, lorsqu'on songe qu'il étoit nommé par ses fidèles et pieux compagnons d'armes, *le Saint du Poitou*, qui peut douter que son opinion ne fût celle de tous ces Français tant calomniés?

Ah! grâces soient rendues au Ciel de ce que ces paroles

(*a*) Ces paroles nous ont été conservées par Mme la marquise de Larochejaquelein, dont la bonne foi est si bien connue, que tous ses contemporains lui ont donné le titre de *sincère*, titre bien flatteur pour cette dame, puisqu'elle n'aura à le partager qu'avec la seule Mme de Motteville. — *Voir* les Mémoires de Mme de Larochejaquelein, pag. 155, Ier vol., 2e édition.

mémorables ne seront point perdues pour la postérité, et puissent-elles passer d'âge en âge pour servir de boussole à nos descendans, si nous ne sommes pas assez heureux pour fermer à jamais parmi nous l'abîme des révolutions!

(4) Si les conquêtes que firent les Romains à la fin de toutes leurs guerres civiles ne suffisoient pas pour justifier cette assertion, qu'on se souvienne de ce qui est arrivé en Europe à la suite de la révolution française!

(5) Souvenons-nous de ce que fit le directoire, le plus foible assurément de tous nos gouvernemens révolutionnaires : lorsqu'il vit que les partis, long-temps comprimés par la terreur, reprenoient leur première énergie, il chercha à occuper toute la nation à des guerres lointaines ; il envahit l'Allemagne, la Suisse et l'Italie ; il porta même ses armes jusqu'en Egypte ; et, si on veut savoir ce qu'il gagna à ce système, le voici : par la guerre il subsista pendant cinq ans ; et, sans la guerre, il n'eût peut-être pas subsisté pendant six mois!

(6) Parmi tous les chefs de parti qui ont asservi leur pays, nous ne voyons qu'Auguste qui n'ait pas fait la guerre aux étrangers, et s'il ne la fit pas, c'est qu'il n'eut pas besoin de ce moyen pour se concilier l'attachement des soldats dont il avoit toujours été l'idole, et qu'il en eut encore moins besoin pour comprimer les partis ; car, après avoir triomphé d'Antoine il n'eut presque plus d'ennemis dans un pays où, depuis la mort de Cassius et de Brutus, *les derniers des Romains*, on ne combattoit plus pour savoir si la république seroit conservée, mais seulement pour savoir quel en seroit le maître. Mais tous les chefs de parti ne se trouvent pas dans une position aussi heureuse, et Buonaparte, par exemple, entouré de répu-

blicains et de royalistes comme il l'étoit, n'auroit certainement pas pu suivre sans danger le système pacifique d'Auguste : aussi ne songea-t-il point à le suivre : il se résolut au contraire à faire toujours la guerre, et voici ce qu'il comptoit y gagner :

1°. De pouvoir passer sa vie dans les camps où il étoit beaucoup plus en sûreté que dans un palais ;

2°. De pouvoir exiger de la France, sous ce prétexte, tous les sacrifices possibles en hommes et en argent ;

3°. De pouvoir entretenir et enrichir une armée immense, et gagner à la longue tous les partis en leur distribuant les dépouilles que lui procuroient incessamment ses conquêtes (comme il l'a fait en Hanovre et en Westphalie, provinces qu'il avoit presque entièrement réduites en majorats), ce qu'il n'eût certainement pas pu faire avec les foibles ressources que lui présentoit alors la France épuisée par les désordres des gouvernemens révolutionnaires.

Et, avec ce système qui lui eût attaché à la fin tous les Français par l'ambition, à quoi a-t-il tenu qu'il n'ait fait passer toute l'Europe sous le joug? Cela a tenu à ce qu'il n'a pas d'abord assez bien caché son ambition, et cela a tenu surtout à ce qu'il n'a pas assez ménagé le sang de ses soldats ; car, s'il eût agi avec plus de prudence, l'Europe eût probablement succombé, et même nous devons le dire, malgré les fautes qu'il a commises, il est encore de tous les conquérans celui qui, depuis Charlemagne, a été le plus près de réaliser le rêve de la monarchie universelle en Europe.

(7) C'est réellement une circonstance très-heureuse qu'une guerre étrangère pour les gouvernemens qui, après avoir été ébranlés par une révolution, se trouvent

replacés sur leur ancienne base, et nous dirons même plus, c'est que les souverains qui n'emploient pas ce grand moyen pour se raffermir, courent de très-grands dangers au milieu de tous les partis qui divisent leur pays, et dans lesquels se trouvent tant d'ambitions trompées ou arrêtées au milieu de leur course.

O magnanime Henri IV, combien ta patrie dut te savoir gré des sacrifices douloureux que tu imposas à ton grand cœur, lorsque tu te réduisis, pendant la paix, à ne pouvoir ni récompenser tes amis, ni même gagner tes ennemis! Si tu n'eusses pas craint d'imposer de nouvelles charges à ton peuple, tu aurois certainement poussé à outrance contre l'Espagne une guerre qui eût été bientôt nationale pour tous les partis en raison des torts que l'Espagne avoit eus envers eux tous; et, devenu l'idole de tous les Français par des triomphes dont tous les Français auroient pu s'enorgueillir, tu aurois fourni pour le bonheur de ta patrie une longue carrière! celui qui devoit te donner le coup mortel eût peut-être été ton meilleur soldat, et ceux qui dirigèrent sa main, ou qui ne pleurèrent pas assez son horrible attentat eussent peut-être été tes meilleurs capitaines ou tes plus fidèles serviteurs!

(8) Dans les républiques cette fusion des partis ne s'opère pas toujours aisément, parce que c'est la multitude qui règne, et que la multitude est toujours cruelle dans ses vengeances et ne pardonne jamais, ce qui maintient une grande irritation dans les esprits; mais rien de plus facile lorsque c'est l'ancien gouvernement qui triomphe, comme le prouvent tant d'exemples de notre histoire, et notamment celui de Louis XIV, après la Fronde; et les chefs de parti qui ont asservi leur pays, le peuvent aussi très-aisément, comme le prouve l'exemple de Buonaparte,

Lorsque les émigrés purent rentrer en France après la fin de nos guerres civiles, la grande armée ne vit-elle pas entrer dans ses rangs presque tous les officiers qui avoient servi avec distinction dans l'armée de Condé ou dans les armées royales de l'Ouest ; et, si quelques uns ne suivirent pas le torrent, empêchèrent-ils, auroient-ils pu empêcher leurs enfans de le suivre?

Qui ne sait que dans les six dernières années de l'Empire, et surtout après le mariage, presque tous les jeunes gens des meilleures familles de France demandèrent des sous-lieutenances? et cela fut si général, qu'on crut pouvoir prendre impunément quelques mesures assez singulières contre ceux qui ne firent pas d'abord comme les autres.

Lorsque quelques jeunes gens qu'on désiroit voir entrer au service n'en demandoient pas, on leur envoyoit des brevets de sous-lieutenans : s'ils les refusoient, on les menaçoit secrètement de les envoyer à Vincennes ; s'ils s'obstinoient, on les y envoyoit effectivement, et presque tous cédoient au bout de quelques jours, parce que, ne s'étant point encore battus, on auroit pu croire que la crainte les retenoit, et quelle idée pour de jeunes Français!

Quant au peuple, on sait assez qu'il ne fut pas nécessaire d'employer des moyens bien extraordinaires pour le conduire. Du moment où Buonaparte eut soumis les chefs du parti républicain et du parti royaliste, par l'éclat de sa gloire militaire et par cette multitude de séductions brillantes dont il sut entourer son trône, toute la France lui obéit sans résistance, et avec une patience dont aucune époque de notre histoire n'offriroit peut-être d'exemple.

(9) Pourquoi la révolution française résista-t-elle à toute l'Europe il y a trente ans? C'est que pendant long-temps

elle n'eut à combattre que les armées de l'Europe dont l'ensemble s'élevoit à un million d'hommes tout au plus, et que, dans l'état d'exaltation où elle étoit, elle put leur opposer bientôt douze ou quinze cent mille soldats choisis parmi les quatre millions d'hommes, qu'elle avoit armés sous le nom de gardes nationaux fédérés, etc., etc. Ainsi l'avantage du nombre étoit réellement du côté de la France, et elle ne l'a perdu que lorsque les puissances ont imité son exemple, et ont entraîné contre elle toute la population de leur pays comme cela est arrivé en 1813.

Mais si toutes ces puissances n'ont pas trouvé d'autre moyen de salut que celui-là, qu'on juge donc de la supériorité qu'ont sur les autres nations les nations en révolution, et combien ne doit-on pas craindre de les avoir pour ennemies ?

(10) « Entraînés par une pente irrésistible. » C'est réellement le mot. Ce n'est pas le caprice, c'est l'intérêt, c'est le besoin de se conserver qui dit aux partis qu'ils doivent faire la guerre aux étrangers ; aussi, examinez toutes les révolutions, vous y verrez que les partis qui triomphent n'attendent même pas pour commencer cette guerre qu'ils se soient tout-à-fait délivrés de leurs ennemis intérieurs. Du moment où ils ont sur eux un avantage marqué, ils attaquent les nations voisines ; et c'est presque toujours par une résolution de ce genre qu'un parti assure définitivement son triomphe dans sa nation, ou qu'un chef ambitieux assure son triomphe dans son parti.

(11) Ouvrez l'histoire de toutes les révolutions, vous y verrez partout le parti le plus foible recevoir avec joie des armes, de l'argent, et même des secours en hommes, de la part des étrangers.

Ainsi ce grand principe qu'on nous a tant de fois répété dans ces derniers temps, *que la patrie c'est le sol*, ce grand principe ne se trouve point gravé dans le cœur de l'homme, comme on le prétend ; et, au fait, ce n'est qu'un sophisme.

Lorsqu'une nation est en révolution, le lien social qui unissoit autrefois tous ses membres se trouvant rompu de fait, les deux partis forment réellement deux nations pendant tout le temps que dure la guerre civile, et alors ils peuvent prendre toutes les mesures qu'ils jugent convenables pour leur conservation, et s'assurer, s'il y a lieu, des auxiliaires puissans, comme le font les nations qui sont en péril.

Seulement voici ce que la raison est en droit d'attendre des partis dans ces temps de crise : qu'ils se souviennent toujours qu'ils formoient autrefois une seule et même nation ! et que toujours ils tendent à reformer ce faisceau que le malheur des temps a momentanément rompu ; et, si des étrangers leur offroient leurs secours en leur demandant de leur sacrifier la liberté de leur patrie, qu'ils les refusent !

Voilà, nous le répétons, tout ce qu'on peut attendre des partis dans les temps de révolution, et encore il ne faut pas croire qu'on trouveroit partout de pareils sentimens, mais on les trouvera certainement dans tous les pays où règnent de nobles idées ! — *Voir* la note 3.

(12) Cela n'est cependant vrai que pour les nations du midi de l'Europe. Dans le nord, si l'on excepte quelques grandes villes où un corps de marchands représente en petit la classe moyenne, il n'y a que deux classes, les nobles et les paysans, c'est-à-dire des hommes qui sont tout et d'autres qui ne sont rien. Mais dans tous les pays

où règne un peu de liberté, il y a réellement trois classes de droit ou de fait :

De droit, dans tous les pays où cette distinction est établie par la loi ;

De fait, dans tous les pays où la loi n'a point établi cette distinction, mais où la propriété est reconnue, car partout où existe le droit de propriété, il y aura toujours des hommes qui auront beaucoup, d'autres qui auront peu, et d'autres qui n'auront rien.

Et, entre tous ces hommes qui appartiennent de fait ou de droit à la même classe, persuadez-vous bien qu'il y aura toujours une communauté de sentimens qui se manifestera dans toutes les grandes occasions.

Examinez toutes les républiques, celles même où les distinctions de naissance ne sont pas établies, et voyez si, dans tous les temps de crise, les riches ne s'y unissent pas aux riches, comme les grands s'unissent aux grands dans les monarchies.

(13) Règle générale pour les grandes nations : Que l'ambition des particuliers puisse s'y faire jour sans trop de difficultés ; car, pour peu qu'il y ait quelque idée de liberté dans un pays, comment veut-on qu'il n'y ait pas d'ambition là où l'on voit un seul homme commander à dix, vingt, trente millions de ses semblables, et plusieurs milliers d'autres hommes jouir de toutes les douceurs de la vie en commandant à une portion souvent si considérable de leur nation ? Il conviendra donc, à notre avis, que les barrières qu'on croira devoir élever dans ce pays pour y arrêter les ambitions impétueuses ne soient jamais assez hautes pour décourager les hommes qui se sentent capables de grandes choses ; autrement, il pourroit en résulter de grands malheurs pour l'Etat.

On a reproché à la classe moyenne en France, d'avoir favorisé la révolution, et on a dit vrai. On a dit, de plus, que ce n'étoit de sa part qu'une affaire d'amour-propre, on a dit vrai encore. Mais, si l'on veut jeter avec nous un coup d'œil rapide sur la situation de la classe moyenne à cette époque, on va voir d'où vint le mal.

Autrefois, en France, il n'y avoit que deux classes, les nobles et les paysans, comme cela se voit encore aujourd'hui dans presque tous les pays du Nord, et ce n'est que vers les commencemens de notre troisième dynastie qu'on vit se former une bourgeoisie par la sage prévoyance de nos rois qui comptoient bien un jour s'en servir pour l'opposer à la noblesse.

D'abord la bourgeoisie fut peu nombreuse, et même pendant plusieurs siècles elle fut presque inaperçue dans l'Etat; mais lorsque l'Amérique fut découverte, et que la France fut entrée, comme les autres nations, dans la route du commerce, la bourgeoisie prit un grand essor : cependant son très-grand accroissement ne date guère que de la dernière moitié du dix-septième siècle.

A cette époque brillante, l'industrie fit en France des progrès immenses sous la protection d'un roi qui conçut peut-être dans sa jeunesse, l'espoir de dominer un jour toutes les nations de l'Europe par la force de ses armes, mais qui, dans l'âge mûr, borna sa gloire à les rendre tributaires de cette France qu'il avoit rendue le centre de tous les beaux arts ; et, outre d'immenses richesses, la bourgeoisie gagna encore à l'exécution de ce noble dessein de voir circuler dans son sein une foule de connoissances utiles ou agréables dont elles n'avoit autrefois aucune idée.

Dans le siècle suivant, la bourgeoisie s'accrut encore beaucoup : l'importance toujours croissante des manufactures et du commerce maritime, l'établissement de plusieurs riches colonies et les fournitures pour le gouvernement en temps de guerre, telles furent les sources de prospérité auxquelles elle puisa, et parmi lesquelles nous allions oublier de compter le maniement des finances, mine féconde dans un temps où le désordre des finances alloit toujours croissant !

Et enfin, nous devons le dire, au moment de la révolution, la bourgeoisie formoit en France un corps si nombreux et si riche, qu'elle méritoit certainement toute l'attention et tout l'intérêt du gouvernement.

Et cependant quelle attention y faisoit-on depuis un siècle? quel rôle jouoit dans l'Etat cette bourgeoisie si nombreuse et depuis si long-temps rivale de la noblesse non seulement par la fortune, mais encore par les grands talens qu'elle renfermoit dans son sein? et, au lieu de la ménager comme la prudence y invitoit, ne l'avoit-on pas indisposée tout récemment encore, en ajoutant à la sévérité des anciennes ordonnances qui lui fermoient cette carrière des armes si chère aux Français, dans laquelle tous ces hommes qui n'avoient plus rien à désirer du côté de la fortune, brûloient de faire entrer leurs enfans ?

Ce n'est pas pourtant qu'au moment de la révolution les bourgeois ne pussent pas absolument entrer au service : non ; mais il faut convenir que lorsque depuis deux siècles on ne pouvoit pas citer dix hommes parvenus aux hautes dignités militaires, sur plusieurs milliers que la classe moyenne avoit fournis à l'armée de terre ou de mer, cette perspective n'étoit pas faite pour encourager la bourgeoisie. Aussi, sur la fin, les hommes de cette classe n'entroient-ils presque plus au service ; ils se rabattoient sur les places de finances, qu'ils méprisoient, et sur la magistrature qu'ils n'aimoient guère, parce qu'elle menoit si lentement aux honneurs! Mais qui pourroit dire combien ces humiliantes distinctions causoient d'irritation dans tous les esprits?

Ah! loin de nous l'idée de chercher à égarer l'opinion publique sur les causes de la révolution. Ainsi nous ne dirons certainement pas que la révolution n'a eu lieu que par ce que la bourgeoisie se trouvoit offensée dans son amour-propre (nous savons bien que cette grande catastrophe, préparée depuis long-temps, tient à des motifs bien autrement importans); mais nous devons le dire, parce que telle est notre intime conviction, la révolution n'eût pas eu lieu si par des concessions faites de bonne grâce, au moment où les embarras de l'Etat exigèrent la convocation des notables, on eût éteint dans la bourgeoisie cette jalousie que nous venons de signaler; parce que ce corps immense, dans lequel l'amour des lois, de l'ordre et de la religion étoit peut-être plus prononcé qu'en aucun autre, n'eût alors été par aucun point accessible aux séductions dont on l'entoura (sans lui montrer le but où on vouloit le mener, car il en eût reculé d'horreur), et fût au contraire devenu le plus ferme appui de son paternel gouvernement.

Et si d'aussi petites choses peuvent avoir une telle influence sur la destinée des grands empires, combien ne devons-nous pas nous estimer heureux de ce que la sage prévoyance de notre auguste monarque a enfin associé la bourgeoisie à la noblesse, en lui donnant, comme à cette dernière, le droit d'exercer sur la chose publique un utile contrôle, et, en même temps, celui de prétendre à tous les emplois, à tous les honneurs!

Que peut désirer maintenant la classe moyenne, depuisqu'elle a entendu le Roi dire à ses enfans, un jour où il passoit en revue l'école de Saint-Cyr : « *Enfans,* » *songez que chacun de vous peut trouver un jour, dans sa* » *giberne, un brevet de maréchal de France!* »

Et combien ne seroit-elle pas coupable, si elle ne défendoit pas avec courage, avec dévouement, l'arche de nouvelle alliance qui lui a été donnée ! combien ne seroit-elle pas coupable, et même, il faut le dire, ennemie de ses propres intérêts si, aujourd'hui que le plus brillant avenir s'est ouvert devant elle, elle ne concouroit pas franchement avec nous pour paralyser tous les efforts de ces hommes qui cherchent à renouveler encore dans notre patrie cette révolution sanglante dont l'issue a trompé leurs espérances!

Ah! n'en doutons pas, cette classe, aujourd'hui si nombreuse et si instruite, ne méconnoîtra pas ses vrais intérêts; et, pénétrée de la plus vive reconnoissance pour cette auguste famille qui, depuis huit siècles, a tant fait pour elle, et qui l'a tirée du néant pour l'élever peu à peu à ce degré de prospérité où elle est aujourd'hui parvenue, elle rendra impuissantes toutes les tentatives des factieux.

Mais pourquoi employons-nous ici les expressions du doute? Est-ce qu'elle ne nous a pas déjà donné à cet égard les assurances les plus positives? Et pour nous qui l'avons toujours défendue dans ces temps où le malheur nous ayant rendus timides, quelques uns d'entre nous virent son émancipation avec inquiétude, combien il nous est doux de la voir répondre, comme elle le fait aujourd'hui par le choix de ses mandataires, à la noble confiance que nous lui avons témoignée! Et combien il nous est doux de voir justifiée la sage prévoyance du monarque éclairé qui a voulu que le trône de ses ancêtres reposât à l'avenir sur une base aussi large et aussi solide!

(14) O Naples! pendant long-temps on a cru que toi seule renfermois de grands élémens de destruction dans cette population immense, vouée à la misère par la plus honteuse apathie; et nous surtout, qui avions toujours vu nos peuples honorer le travail et le supporter avec courage, que nous étions loin de nous attendre à les voir un jour l'abandonner pour se livrer à tous les désordres que les révolutions ont si souvent fait naître dans ton sein!

Mais par quel art perfide, par quelles machinations infernales a-t-on donc pu parvenir à corrompre à ce point, et en si peu de temps, ce peuple autrefois si renommé par la douceur de ses mœurs?

Ah! nous devons le dire, cette affreuse entreprise présenta si peu de difficulté, que ceux même qui la tentèrent, et qui, pendant long-temps, avoient reculé devant ses dangers, en furent comme nous dans le plus grand étonnement!

Lorsqu'on songe que pour soulever le peuple, et surtout le peuple de nos villes, il suffit de lui parler d'acapareurs et de famine; lorsqu'on songe que pour exalter la haine de la multitude, il suffit de frapper ses oreilles par des mots durs et incompréhensibles, comme ceux d'*aristocrates olygarques*, etc.; lorsqu'on songe que pour faire prendre les armes à cette même multitude, à plusieurs millions d'hommes, il suffit de leur débiter une fable ridicule (celle de ces brigands qui, par toute la France, et en un même jour devoient venir piller toutes les communes), et enfin, lorsqu'on songe que du moment où les proscriptions et les confiscations eurent commencé, une grande partie du peuple de nos villes renonça à ses utiles travaux, pour chercher des victimes à la fureur des lois, et pour recevoir l'infâme salaire distribué à ceux qui venoient chaque jour applaudir au pied des échafauds....... ô Ciel ! comment pouvons-nous jouir du présent ? Comment ne tremblons-nous pas incessamment pour l'avenir ? et comment surtout ne redoublons-nous pas de surveillance contre ces hommes qui cherchent encore à mettre le peuple en mouvement ?

Au surplus, dans ce qui précède, nous n'avons parlé que des moyens qu'on emploie pour corrompre la classe inférieure des nations ; quant à ceux qu'on emploie pour égarer la classe moyenne, ils sont d'une autre nature ; mais il est assez inutile que nous en entretenions nos lecteurs, d'autant que nous les avons suffisamment indiqués à l'homme qui pense dans les phrases qui servent de base à cette note.

(15) C'est là le système de toutes les révolutions populaires ; mais, nous devons le dire, jamais ce système ne fut suivi avec une si déplorable constance qu'en France, au temps de la terreur ; car il ne faut pas croire que le fanatisme politique fut la seule cause de tous les meurtres qui furent commis à cette époque : un affreux esprit de calcul y entra aussi pour beaucoup. *La république bat monnoie sur la place de la révolution*, disoit-on dans les clubs, avec la plus effrayante franchise ! Et s'il pouvoit rester le moindre doute sur les intentions des terroristes, qu'on se souvienne que quelques jours avant sa mort, Marat disoit au peuple *qu'il y avoit encore plus de deux cent mille têtes trop hautes dans la république ;* et quelles étoient ces têtes ? c'étoient celles de tous ces vieux juges, notaires, avocats, etc., etc., qui avoient bien donné quelques

garanties à la révolution, mais qui avoient le malheur d'avoir une fortune patrimoniale.

(16) Dans la note précédente nous venons de dire que la convention demandoit beaucoup d'argent à la France, et effectivement l'argent entra pour beaucoup dans son système; mais elle auroit très-bien pu modifier son système sur ce point, comme le prouve l'exemple du directoire qui lui succéda: car si les armées de la convention, bien nourries, bien habillées, bien payées, firent de grandes choses, les soldats du directoire, qui manquoient de tout, ne firent guère moins que leurs devanciers.

Qu'on se souvienne du moment où Buonaparte franchit les Alpes? Il trouva une armée sans caisse militaire, sans magasins, sans habits, et même sans souliers; et, comme elle murmuroit souvent au milieu de tant de privations, il leur dit un jour en leur montrant les Autrichiens et les plaines d'Italie : *Quand vous aurez passé sur le ventre à ces gens-là, vous aurez de tout en abondance.*

Voilà comme on fait la guerre dans les temps de révolution! et puisque nous sommes sur ce chapitre, nous ajouterons hardiment, qu'il n'y a que les gouvernemens révolutionnaires qui puissent la faire ainsi, comme le prouve de la manière la plus convaincante l'exemple même de l'homme extraordinaire dont nous parlions tout à l'heure.

Lorsque la France entière et tant d'autres pays lui furent soumis, il fut obligé de donner à son gouvernement une forme régulière; or voici ce qui arriva : la France prodigieusement agrandie, et mise en coupe réglée par la conscription, comme on l'a dit si ingénieusement, ne put guère lui fournir plus de deux cent mille hommes par an, et il ne put jamais entretenir avec tous ses trésors, plus de sept ou huit cent mille hommes sous les armes, tandis que la république en avoit eu pendant un temps près de 1,500,000, divisés en quatorze armées sur ses frontières.

Dans sa nouvelle situation, il auroit dû changer de système, et ménager ses forces avec beaucoup de prudence; mais comme il continua toujours à faire la guerre sans magasins, parce que ce système lui avoit bien réussi dans ses débuts, il arriva que toutes ses ressources furent épuisées en dix-huit mois, lorsque commença pour lui cette série de revers non moins étonnans que ses succès, et c'est alors qu'on put voir tout l'embarras qu'éprouvent les gouvernemens réguliers dans les guerres désastreuses : assurément un gouvernement révolutionnaire, en décrétant une levée en masse, auroit encore pu trouver au commencement de 1814, deux millions d'hommes, pour défendre la France; mais depuis quelques années, le gouvernement impérial avoit cessé d'être un gouvernement révolutionnaire; toute la France avoit repris, sous son administration régulière, les habitudes d'ordre qu'elle avoit autrefois, et s'il se fût de nouveau livré à toutes les injustices de détail qu'eût nécessitées une pareille mesure, et auxquelles on étoit presque habitué au temps de la révolution, cela eût certainement irrité tous les esprits ; aussi ne chercha-t-il pas même à tenter cette dernière ressource.

(17) Pour qu'une coalition soit forte, il faut que toutes les puissances qui en font partie soient vivement frappées, et même nous devrions dire, frappées au même point des dangers de leur position : or, c'est ce qui n'arrive presque jamais.

Assurément, si les puissances qui se réunirent à Pilnitz

eussent agi de concert, la révolution française eût été très-promptement abattue, puisque l'invasion des Prussiens seuls la mit à deux doigts de sa perte; mais il n'y eut point d'accord, et lorsqu'on eut laissé passer ce moment, quelquefois très-court, mais toujours décisif, dans lequel il faut attaquer les révolutions, tous les efforts furent vains, et la coalition échoua; et lorsque plusieurs puissances découragées par le mauvais succès de leur entreprise se furent retirées de la coalition, et que les autres, ne se croyant plus assez fortes pour attaquer, attendirent qu'elles fussent attaquées, ce fut bien pis, et ce fut bien alors qu'on put voir toute la foiblesse des grandes confédérations; car lorsqu'elles attaquent, elles sont encore passables parce qu'elles sont maîtresses du temps et du lieu, mais lorsqu'elles se défendent, elles ne valent absolument rien, parce que chacun des alliés songe toujours beaucoup trop à ses foyers.

(18) Comme ce sujet est très-important, nous demandons de pouvoir entrer ici dans quelques détails.

Ce qui distingue les révolutions de nos jours d'une manière toute particulière et qui les rend si dangereuses pour toutes les nations, c'est l'esprit de prosélytisme dont elles sont animées.

Plusieurs républiques se sont formées en Europe dans le moyen âge, mais en voit-on une seule qui ait été possédée par cet esprit de prosélytisme dont nous parlons, au point de troubler ses voisins?

Lorsque les Suisses eurent secoué le joug des Autrichiens, lorsque les Hollandais eurent secoué celui de Philippe II, lorsqu'ils eurent les uns et les autres établi parmi eux la république, pour ne plus être exposés aux maux dont les avoit accablés le pouvoir absolu, ils s'estimèrent très-heureux, sans doute, mais ils n'allèrent pas publier par toute l'Europe que le gouvernement monarchique étoit le plus intolérable et le plus honteux de tous les gouvernemens, et ils n'allèrent pas engager tous les peuples à le proscrire, comme le font tous les révolutionnaires de nos jours.

Voyez toutes les révolutions qui ont été faites depuis trente ans, ne sont-elles pas toutes animées au plus haut degré du désir de propager leurs principes au dehors, et ne les voit-on pas toutes, aussitôt leur naissance, prodiguer les outrages les plus dégoûtans aux gouvernemens qui ne ressemblent pas à celui qu'elles ont établi? et non-seulement elles les diffament aux yeux des peuples, mais elles emploient pour les détruire tous les moyens possibles, et avec toute la constance dont peut être capable l'homme possédé par le génie du mal.

Et quelles mesures peut-on prendre contre de pareils voisins? peut-on continuer à entretenir des rapports avec eux?

Si, comme nous l'avons dit, vous ne leur touchez par aucun point, ou si vous ne leur touchez que par un très-petit nombre de points, vous le pourrez peut-être sans danger; mais, autrement, vous ne le pourrez certainement pas; et pour rendre ceci plus sensible, choisissons un exemple: supposons, par exemple, que l'Allemagne soit en révolution; hé bien, nous disons que l'Angleterre pourroit peut-être continuer à entretenir des relations commerciales avec l'Allemagne et que la France ne le pourroit pas.

L'Angleterre le pourroit parce qu'il lui suffit, pour cela, de quatre cents navires et de quatre mille matelots qui, par leur nature, ne sont pas fort accessibles aux séductions morales;

Et la France ne le pourroit pas, parce que les besoins du commerce exigent que chaque année cent mille Français aillent jusqu'au fond de l'Allemagne, et qu'autant d'Allemands, pour le moins, viennent en France.

Et quel langage tiendroient parmi nous ces cent mille Allemands? Quel langage nous tiendroient surtout, à leur retour, ces cent mille Français que les Allemands auroient entraînés dans leurs clubs, dans leurs sociétés secrètes, et qu'ils auroient pénétrés de leurs principes avec cette facilité que trouvent toujours tous ceux qui font entendre aux peuples les magiques accens d'une trompeuse liberté?

Assurément le danger seroit bientôt si grand pour nous, que nous serions obligés de défendre à nos peuples tout rapport avec ceux de l'Allemagne.

Mais ici, nous le demandons, à quoi aboutiroit cette rupture? A causer la plus vive irritation dans tous les esprits, comme nous l'avons déjà dit; et, s'il existe parmi nous des hommes qui méditent le renversement de l'ordre, croyez-vous que leur audace ne s'accroîtroit pas prodigieusement lorsqu'ils auroient près d'eux un pareil point d'appui, et surtout s'ils voyoient que vous n'osez pas attaquer? et ce seroit bien vainement alors que vous compteriez sur vos mesures de précaution; car toutes ces précautions, et même tous les avantages de votre position, ne vous sauveroient peut-être pas, comme on peut en juger par l'embarras dans lequel se trouva l'Angleterre vis-à-vis de la révolution française.

Qu'on se souvienne de ce que disoit à cette époque le plus grand homme d'Etat que l'Angleterre ait eu : « *Si*

» *vous n'attaquez pas la puissance révolutionnaire en France,* » disoit-il en plein parlement, *bientôt vous deviendrez* » *puissance révolutionnaire vous-mêmes.* » Et il disoit vrai; car déjà un grand nombre de députés des clubs anglais étoient venus fraterniser à Paris avec les membres des clubs français; déjà dans toutes les tavernes, dans tous les lieux publics on voyoit des hommes du peuple mettre sur leurs doigts de petits bonnets rouges en signe d'alliance avec les jacobins français; et qui sait ce qui fût arrivé à l'Angleterre, si elle n'eût pas fait la guerre à la France?

Mais si l'Angleterre elle-même, avec tous les avantages que lui donne son isolement au milieu des mers, ne peut pas toujours se flatter de se garantir de la contagion révolutionnaire, combien les autres nations ne doivent-elles pas avoir d'inquiétude, et n'est-il pas évident qu'elles ne doivent pas laisser grandir les révolutions, ou bien qu'alors elles ne peuvent plus répondre de l'événement?

(19) Tel est le point de vue sous lequel nous envisageons la question; mais, pour prouver que nous ne considérons le droit d'intervention que comme une arme défensive, et que nous ne voulons pas en faire jamais une arme offensive, nous allons poser à l'exercice de ce droit quelques restrictions, dont l'ordre de la discussion ne nous a pas permis de faire mention dans le corps même de notre ouvrage, mais qui nous paroissent trop fondées en raison, pour que nous ne les consignions pas ici, et nous dirons :

1°. Que des discussions, quelque violentes qu'elles soient dans un pays, ne peuvent pas donner lieu à l'intervention; que l'exercice de ce droit ne commence à être licite, que lorsqu'il existe deux partis bien prononcés, et que ces partis en sont venus aux mains, ou que l'un d'eux a troublé le repos de ses voisins, en cherchant à leur faire adopter violemment ses principes; et que, dans tous les cas, on ne doit point considérer comme un parti cette poignée d'hommes qui, dans tous les pays, sont portés à repousser les meilleures choses par la seule raison qu'elles sont nouvelles, ou à les détruire par la seule raison qu'elles sont anciennes; mais une partie notable de la nation et capable de faire de grandes choses;

2°. Que si, dès le commencement de la guerre civile, et avant que les puissances voisines aient pu prendre aucune mesure, l'un des deux partis a pu abattre l'autre par l'usage régulier de sa force, et sans employer de ces moyens extraordinaires qui glacent les esprits de terreur, ce parti doit être censé représenter réellement la nation, et qu'alors il n'y a plus lieu à intervention;

3°. Que si la puissance en révolution se trouve dans un état d'infériorité évident vis-à-vis des puissances voisines, il n'y a pas lieu pour ces puissances à user d'un droit dont l'exercice ne peut être permis qu'à celles dont l'existence est réellement en danger.

(20) Que s'il est toujours possible de réunir de temps en temps ces assemblées augustes que nous avons vues se former presque tous les ans depuis 1814, et dont les sages délibérations ont déjà prévenu tant de débats, qui, en d'autres temps, auroient produit les guerres les plus déplorables, c'est à elles que doit être confiée naturellement une pareille médiation: mais aurons-nous toujours le bonheur de voir se former ces congrès dont le seul nom glace les révolutionnaires d'épouvante? Ah! sans doute, nous n'aurons pas toujours cette satisfaction; un jour, peut-être, la discorde parviendra à rompre ce fais-

ceau. Cependant nous avons tout lieu de croire que ce temps est encore bien éloigné. Tant que les révolutionnaires seront dans une attitude menaçante, tous les souverains seront unis.

Au surplus, si quelque jour la postérité éprouve un sentiment de surprise en voyant des arbitres d'un si haut rang incessamment occupés à prévenir tout débat entre eux et entre les peuples, ce qui l'étonnera le plus, ce ne sera pas la fréquence de leurs réunions, ce sera de songer qu'on ait pu une seule fois établir un pareil lien entre tant de puissances autrefois si divisées. O bon abbé de Saint-Pierre! lorsque ton projet de paix perpétuelle parut, tout le monde dit que c'étoit le *rêve d'un homme de bien.* Et qui eût cru alors que cinquante ans plus tard ce rêve se réaliseroit en partie?

(21) D'après tout ce que nous avons dit jusqu'à ce moment, on peut voir que nous ne regardons le droit d'intervention que comme une nécessité permise, et véritablement nous pensons qu'on ne sauroit user avec trop de précaution d'une arme qui pourroit devenir bien dangereuse dans les mains de la mauvaise foi; aussi, nous le répétons, nous entendons bien qu'à moins de cas extraordinaires, de dangers imminens qui ne se présentent presque jamais au commencement d'une révolution, une puissance ne peut pas exercer le droit d'intervention, sans avoir au préalable invoqué l'arbitrage de quelques puissances désintéressées dans la question; ou bien, si elle en usoit autrement, toutes les autres puissances auroient à nos yeux le droit de s'opposer à ses prétentions.

(22) Combien de fois surtout n'avons-nous pas entendu cette noble déclaration sortir de la bouche de ce souverain magnanime, dont le sceptre est béni sur une si grande

partie du globe! Mais combien de difficultés l'environnent! et si elles n'ont point été capables d'abattre son grand courage, elles lui ont du moins fait sentir qu'il ne sauroit apporter trop de prudence dans l'exécution de cette entreprise, pour ne pas compromettre, en un jour, tout le succès du vaste plan formé par le génie de Pierre-le-Grand, et toujours suivi depuis par la cour de Russie!

(23) Voilà des mots qui vont mettre en fureur tout ce qu'il y a de libéraux au monde. Comment, il faut des siècles pour naturaliser la liberté dans un pays? Hé bien, oui, il faut souvent des siècles! et il faut, de plus, beaucoup de prudence! et il faut surtout employer la force le moins possible!

Qu'on se souvienne de ces temps, de douloureuse mémoire, où la féodalité dominoit en France : souvent les maux des peuples y furent intolérables, et plus d'une fois il y eut des révoltes. Mais à quoi aboutirent toutes ces *jacqueries*, comme les nobles les appeloient par dérision? toujours à rendre la condition des peuples plus malheureuse!

Mais lorsque nos Rois de la troisième race, vivement pénétrés des difficultés de leur position, eurent arrêté, pour l'abaissement de la noblesse, un plan que tous leurs successeurs ne manquèrent pas d'adopter, on vit le colosse de la féodalité s'affoiblir peu à peu à chaque règne, et enfin cesser tout-à-fait d'être dangereux sous le règne de Louis XIII, au bout de huit siècles.

Mais, nous dit-on, s'il a fallu tant de siècles pour détruire une institution vicieuse, que deux ou trois règnes foibles avoient seuls rendue si redoutable, c'est parce que nos Rois portèrent, dans l'exécution de leur plan, beaucoup trop de timidité; il y a tout lieu de croire que s'ils eussent employé la force, que si, par exemple, ils eussent appelé ouvertement le peuple à leur secours, ils eussent renversé beaucoup plus tôt la féodalité.

Hé bien, non! car d'abord il n'est pas certain que nos Rois, qui n'eurent pendant si long-temps presque aucun rapport direct avec leurs sujets, eussent pu soulever le peuple contre cette noblesse, qui le tenoit par tant de liens dans sa dépendance immédiate; ou s'ils en fussent venus à bout, comptez que bientôt ce peuple, aigri par tant de vexations, se fût livré à de si déplorables excès, que tous les amis de l'ordre, et nos Rois les premiers, eussent été obligés de rétablir, pour leur sûreté, l'ancien ordre de choses! Qu'on se souvienne de ce que le peuple a fait pendant notre révolution, dans un temps où la féodalité étoit abattue depuis plus d'un siècle, et qu'on juge, par là, de ce qu'il eût fait dans les temps dont nous parlons, dans ces temps où la vengeance eût eu à s'exercer contre tant d'injures récentes?

Et ici, rentrant dans la question, pour ne nous occuper que des peuples du Nord, pense-t-on qu'il fût possible d'établir, en ce moment, la liberté dans leur pays par une révolution violente?

Dites aux Russes : Voilà la liberté! croyez-vous qu'ils l'entendront, avant deux ou trois siècles, comme l'entendent aujourd'hui les Anglais et les Français? Croyez-vous qu'ils ne l'entendront pas plutôt comme l'ont entendue les nègres de Saint-Domingue, lorsqu'on la leur a portée tout à coup? Mais s'ils l'entendoient comme ces derniers, croyez-vous que, du moment où commenceroit cette série d'atrocités épouvantables qui signale les révolutions populaires, tout ce que la Russie renferme d'hommes sensés ne s'uniroit pas pour confier de nouveau le salut du pays au pouvoir absolu, qui a si longtemps régné dans ces contrées? Et croyez-vous qu'ils n'y réussiroient pas comme les dominateurs de la France y ont si souvent réussi du temps de la féodalité?

Ainsi, règle générale, ne cherchez point à faire une révolution violente dans une grande nation, et surtout dans une grande nation peu civilisée, car le plus souvent vous ne parviendrez point à soulever le peuple en masse, ou si vous y parvenez, il ira bientôt tellement au-delà de vos vues, il écoutera si peu la voix de la raison, et il se livrera à tant d'excès, qu'après avoir flotté pendant quelque temps au milieu de l'anarchie, il retombera inévitablement encore sous le joug de ce pouvoir absolu, auquel vous aurez voulu l'arracher!

Ah! sans doute, il est bien affligeant pour les amis de l'humanité d'avoir à songer que plusieurs siècles s'écouleront encore avant qu'on puisse compter au rang des nations civilisées, tant de grands peuples qui nous environnent, mais c'est une nécessité à laquelle il faut se résigner sous peine de voir détruire en quelques années l'ouvrage de plusieurs siècles!

Cependant on nous citera quelques grandes révolutions qui ont été opérées assez heureusement par la violence; mais, pour nous mettre à même de bien juger, il faudroit nous citer toutes celles qui n'ont pas réussi, et il faudroit surtout nous citer toutes celles qui se sont opérées à la longue, et sans violence, dans le gouvernement des grandes nations, car alors on verroit bien que les plus importantes pour le bonheur des peuples n'ont point été faites par la force, mais par la prudence et par le temps.

Combien de fois les Anglais ont-ils perdu leur liberté

pendant dix ans, vingt ans, cinquante ans même, pour avoir voulu employer intempestivement la force contre leurs souverains? Combien de fois n'ont-ils pas même risqué de la perdre complétement, et pour toujours, au milieu de leurs révolutions? Et n'est-ce pas un fait constant dans l'histoire de ce pays, que les conquêtes les plus importantes pour la liberté (notamment le bill des droits, et plusieurs autres passés sous Charles II), y ont été faites en pleine paix sans violence, et par le seul ascendant de quelques hommes qui virent que, pour obtenir ce qu'ils demandoient, ils n'avoient pas besoin d'employer leurs forces, mais seulement de les laisser compter par leurs adversaires!

Et dans l'histoire de notre patrie, combien ne trouverions-nous pas aussi d'exemples de grandes révolutions faites sans violence à diverses époques (notamment sous Louis XIII, où le génie et la volonté ferme d'un seul homme renversèrent presque sans secousse cette féodalité naguères encore si puissante)? Et combien de fois dans cette même histoire n'avons-nous pas à déplorer de voir la violence tenter des conquêtes, qu'une sage patience eût faites quelques années plus tard, sans le moindre trouble?

Mais s'il faut le dire, jamais aveuglement ne fut aussi complet, et aussi funeste pour le pays, que celui des hommes qui nous entraînèrent, il y a trente ans, dans la carrière des révolutions!

Ah! si quelques uns d'eux furent de bonne foi, si quelques uns d'eux voulurent sincèrement le bien de leur patrie, en voyant la marche toujours de plus en plus embarrassée de leur gouvernement, en voyant l'abaissement toujours de plus en plus grand, dans lequel tomboit le premier corps de l'État, et en voyant surtout l'importance immense qu'acquéroit chaque jour la classe moyenne, comment ne jugèrent-ils pas qu'avant cinquante ans, et peut-être même beaucoup plus tôt, sous un prince qui étoit pour ses peuples l'image de la bonté divine, la France obtiendroit sans secousse, et par la seule force des choses, toutes ces institutions précieuses qu'elle désiroit, et que nous ne possédons aujourd'hui que par un miracle de la Providence? Car combien de fois n'avons-nous pas risqué de perdre tout-à-fait notre liberté sous l'anarchie et sous le despotisme? Et combien de fois n'avons-nous pas eu à craindre que la patrie ne restât sans consolation après avoir vu couler dans les combats le sang de deux millions de ses enfans?

(24) C'est un fait notoire que des émissaires du parti révolutionnaire sont allés sonder le terrain de tous les pays de l'Europe, pour voir si une révolution ne pourroit pas y prendre racine; et il faut bien qu'en Russie même, ces manœuvres n'aient point été sans importance, puisqu'on y a cru devoir ordonner la fermeture des loges de francs-maçons dans tout l'Empire. Il paroît même que les révolutionnaires ont une fois cherché à séduire l'armée russe, et à lui inspirer le désir de présenter une constitution à son empereur! Ah, pour les francs-maçons encore passe! Nous savons qu'il y en a parmi eux quelques uns, même en Russie, qui comprennent assez bien les idées libérales, et qui, au besoin, pourroient fabriquer une constitution; mais quel eût été notre étonnement, si nous eussions appris quelque jour que huit cent mille *Russes*, *Cosaques*, *Baskirs*, *Calmoucks*, *et Samoyèdes* venoient de présenter à l'empereur de Russie, une constitution de leur façon?

(25) Bien peu de personnes avoient autrefois en France

une idée exacte de l'influence qu'exerce la noblesse russe sur les paysans : on croyoit généralement qu'elle ne les dominoit que par la force; mais lorsque dans la campagne de Russie on a vu avec quelle facilité la noblesse russe a formé un désert sur la route suivie par l'armée française, en entraînant, à de très-grandes distances, cette multitude d'hommes qui ne devoient point redouter une invasion à laquelle ils n'avoient rien à perdre (à la suite même de laquelle ils pouvoient beaucoup gagner), il a bien fallu convenir que l'empire exercé sur le peuple de ce pays, reposoit non seulement sur la force, mais encore sur une très-grande influence morale! Et, après une pareille expérience, comment peut-on croire qu'on pourroit parvenir à révolutionner complétement la Russie! Assurément une pareille tentative ne réussiroit pas, ou si elle réussissoit d'abord dans quelques provinces, comptez qu'elle y seroit bientôt étouffée lorsque paroîtroient tous ces barbares voisins du pôle, chez lesquels la civilisation n'a encore fait aucuns progrès, et sur lesquels l'autorité des chefs est bien plus grande que dans le midi de la Russie!

(26) Jamais, en aucun temps, le pouvoir absolu de la noblesse russe, sur ses vassaux, n'a été exercé avec tant de douceur qu'il l'est de nos jours, et comme cela tient certainement aux progrès immenses que la civilisation a faits, depuis Pierre-le-Grand, dans ce corps autrefois si farouche, nous avons tout lieu de croire que cette amélioration deviendra bien plus sensible encore à l'avenir; car les grands événemens qui se sont succédé depuis dix ans ont plus fait pour la civilisation de la haute classe, en Russie, qu'un siècle dans les temps ordinaires.

Lorsque toute cette noblesse qui autrefois voyageoit peu, à moins que ses souverains ne l'y forçassent, fut venue tout entière dans nos beaux climats, en 1814 et 1815, et surtout lorsqu'elle eut visité avec son souverain cette Angleterre au sein de laquelle les grands jouissent d'un pouvoir si solidement établi au milieu d'un peuple libre, combien ne s'en trouva-t-il pas dans son sein qui auroient préféré la condition d'un pair d'Angleterre à la leur?

Aussi, depuis qu'ils sont de retour dans leur patrie, vous les verriez presque tous s'occuper avec le plus grand soin d'améliorer le sort de leurs vassaux; vous les verriez même rougir, aux yeux de l'étranger, en lui montrant ces esclaves qui les entourent encore, et sur lesquels ils exerçoient autrefois, sans remords, tous les actes d'une domination capricieuse! Et enfin, vous en verriez parmi eux un très-grand nombre qui, à l'exemple de leur souverain magnanime, donnent peu à peu la liberté à leurs vassaux, et cherchent à la leur rendre chère, en leur inspirant le goût de ces plaisirs dont l'idée seule anime si puissamment au travail les peuples des autres climats!

Ah! puissent ces hommes généreux ne pas rencontrer dans l'exécution de leur projet d'insurmontables difficultés! Puissent-ils être assez heureux pour pouvoir rendre un jour à leur pays cette liberté dont l'aveugle barbarie l'a privé autrefois! Puissent-ils, enfin, avoir la consolation de se présenter un jour comme des libérateurs au milieu de leurs peuples étonnés! Mais nous devons le dire, quel que soit notre désir de voir arriver cet heureux moment, nous ne pensons pas qu'il puisse arriver de long-temps encore, et nous croyons surtout que les puissances de l'Europe ne doivent chercher en aucune manière à précipiter cette grande révolution.

La seule noblesse russe, d'accord avec son souverain, peut donner peu à peu, et sans danger, la liberté à la

Russie, et l'amener peut-être un jour au même point que les puissances du midi de l'Europe ; mais si elle juge qu'il lui faut un long espace de temps pour opérer ce grand changement, ne la contrarions point par notre impatience; et, sur toutes choses, ne lui laissons pas croire que nous chercherons à hâter par des moyens violens l'émancipation de son pays, car nous courrions grand risque de voir s'éteindre tout à coup toute la bonne volonté qu'elle montre pour propager parmi ses peuples les idées d'une sage liberté, et en voici la raison :

Tous ces grands qui cherchent à faire pour l'avenir à leur pays le présent de la liberté ne tentent cette entreprise que parce qu'ils espèrent que sous le nouvel ordre de choses, eux et leurs familles pourroient jouir sans troubles des avantages que leur donnent leur immense fortune et leur naissance, comme cela se voit dans les pays de l'Europe où la liberté est le plus solidement établie, comme en France et en Angleterre surtout.

Mais s'ils pouvoient craindre qu'on ne voulût pas leur laisser tout l'honneur, et surtout tout l'avantage de cette grande révolution; s'ils pouvoient craindre qu'on ne cherchât à opérer ce grand changement par un mouvement populaire, croyez qu'ils s'y opposeroient de tout leur pouvoir; et croyez qu'alors ils ne s'occuperoient plus de tirer leur pays de la barbarie.

Bien loin de là, ils chercheroient peut-être à l'y replonger comme dans les temps anciens; et si cela ne suffisoit pas pour leur sécurité, il y auroit bien à craindre qu'ils ne cherchassent aussi à étouffer la liberté dans le reste de l'Europe ; car enfin, quelque attachés que soient aux principes d'une sage liberté un grand nombre de nobles russes, il ne faut pas oublier qu'ils sont hommes, et que par conséquent l'intérêt a sur eux beaucoup plus d'empire que les plus beaux systèmes. Or, comme ils sont tous assez instruits pour prévoir le sort que leur réserveroit une révolution populaire, il seroit bon de savoir, avant de rien entreprendre, s'ils aiment la liberté avec assez de passion pour consentir non seulement à n'être plus nobles en Russie, mais encore à y devenir des *ilotes politiques*, à la suite d'une révolution populaire.

(27) Pourquoi le Nord faisoit-il autrefois tant d'invasions dans le Midi ? — Pourquoi n'en fait-il plus aujourd'hui ? — Qu'est-ce qui pourroit l'engager à les renouveler ? — Et s'il les renouveloit, seroient-elles aussi dangereuses qu'elles l'étoient dans les temps anciens ?

Voilà bien des questions importantes, et qu'il seroit intéressant d'examiner dans toute leur étendue : mais, une pareille discussion ne pouvant trouver ici sa place, nous nous bornerons à énoncer simplement quelques observations à cet égard.

Pourquoi le Nord faisoit-il autrefois tant d'invasions dans le Midi ?

Dans les temps anciens, le Nord étoit habité par une multitude de peuplades peu nombreuses, et qui vivoient à peu près en république, sous des chefs dont l'autorité étoit presque nulle hors des combats. Ces peuplades, toutes fort jalouses de leur liberté, étoient presque toujours en guerre entre elles ; et, comme le droit des gens des temps anciens étoit horrible pour les vaincus, qui perdoient sans retour leur liberté, la peuplade la plus foible n'avoit d'autre ressource que d'abandonner son pays à ses vainqueurs, et de se jeter sur quelque peuplade voisine, qu'elle obligeoit à fuir à son tour.

Combien de fois cela ne se voit-il pas dans l'histoire

du Bas-Empire ? Combien n'y voit-on pas de ces peuples barbares, chassés de leur pays par d'autres peuples du Nord, venir demander aux empereurs la permission de se fixer dans quelque province romaine, et s'y établir quelquefois de force lorsqu'on les refusoit, ou la ravager entièrement lorsqu'ils ne croyoient pas pouvoir y rester en sécurité ?

Souvent même il arrivoit que les peuplades victorieuses abandonnoient aussi leur pays : dans ces affreux climats la terre ne fournissoit pas toujours à la subsistance de tant d'hommes, qui n'avoient d'autre occupation que la guerre ; ils étoient souvent tourmentés par la famine, et ils sortoient alors de leur pays pour se porter dans les pays méridionaux, où la douceur du climat et la fertilité du sol les fixoient bientôt sans retour.

Puis, il faut le dire aussi, une cause beaucoup moins grave, mais non moins dangereuse, contribuoit encore à rendre très-fréquentes les invasions des hommes du Nord, et cette cause étoit l'ambition de leurs chefs. Du moment où l'on eut vu quelques peuplades barbares s'établir définitivement dans le Midi, et y tenir de vastes pays sous leur domination, tous les chefs du Nord, animés par l'espoir de devenir à leur tour fondateurs de quelques grands empires, et d'accroître prodigieusement, par ce moyen, l'autorité si foible et si précaire qu'ils exerçoient dans leur pays, employèrent tout ce qu'ils pouvoient avoir d'influence sur leurs peuples pour les engager à venir avec eux se fixer dans le Midi, et combien cela fut aisé à des chefs qui parloient de conquêtes brillantes et faciles à des hommes de guerre, souvent exposés dans leur patrie, même après la victoire, aux plus dures privations !

Examinons maintenant *pourquoi le Nord ne fait plus aujourd'hui d'invasions dans le Midi.*

S'il n'en fait plus, c'est qu'une grande révolution s'est opérée parmi les peuples de ce pays ! c'est que toutes ces hordes indépendantes, et autrefois si nombreuses, ont perdu leur liberté, et qu'elles sont aujourd'hui soumises à l'autorité sans bornes de quelques hommes.

En quel temps et comment s'est opérée cette grande révolution ? Voilà ce que les annales de ce pays ne nous font pas bien connoître : mais il paroît qu'au sein d'une des peuplades du Nord, s'éleva un homme qui soumit au pouvoir absolu ses anciens compagnons d'armes, et que toutes les autres peuplades passèrent peu à peu sous sa domination ou sous celle de ses successeurs.

Il paroît même que la politique contribua beaucoup plus que la force à ces immenses conquêtes, et que, pour les faciliter, pour les assurer en même temps, on s'adressa toujours au chef de chaque petite nation, en lui disant que s'il vouloit se soumettre au conquérant, il continueroit à exercer sur les siens, non seulement ce pouvoir qu'il avoit précédemment, mais un pouvoir bien plus grand encore ; en un mot, toute l'autorité d'un maître sur des esclaves. Et ce qui nous confirme dans cette idée, c'est que depuis plusieurs siècles on voit toutes les peuplades du Nord bien distinctes encore par leurs usages, et même par une physionomie particulière, obéir aveuglément à un seul homme qui les commande en maître ; mais qui obéit à son tour, avec toute la docilité d'un esclave, à un maître plus puissant que lui.

Au reste, et quoi qu'il en soit de cette opinion, c'est du moins un fait bien constant que, depuis que le Nord est soumis au pouvoir absolu, il n'a plus cherché à faire d'invasions dans le Midi.

Dans les temps de barbarie qui succédèrent à ce nouvel ordre de choses, ni les chefs des peuplades, ni même le chef de l'Empire, qui voyoient ramper à leurs pieds une si grande multitude d'hommes uniquement occupés à leur procurer, par leur travail, tous les plaisirs que pouvoit comporter leur affreux climat, ne durent songer à exposer, pour satisfaire une vaine ambition, une autorité dont l'immensité pouvoit suffire aux désirs de l'homme le plus égoïste!

Et aujourd'hui qu'une nouvelle aurore s'est levée pour les peuples du Nord; aujourd'hui que tous les princes qui se sont succédé depuis Pierre-le-Grand cherchent par tous le moyens possibles à faire entrer la Russie au nombre des nations civilisées de l'Europe; aujourd'hui enfin que presque tous les grands de ce pays, dociles à la voix de leur souverain, cherchent à rendre la liberté à leurs vassaux (pour se délivrer du trouble qui suit toujours le maître au milieu de ses esclaves, et dans l'espoir que le titre de libérateurs leur donnera, aux yeux des peuples, à eux et à leurs descendans, le droit de jouir éternellement des avantages de la fortune), pourquoi le Nord chercheroit-il à envahir le Midi, lorsque la paix, et la paix la plus profonde, peut seule permettre de suivre sans danger le vaste plan d'amélioration depuis si long-temps adopté?

Mais ne pourroit-il pas arriver encore que le Nord reprît ses anciennes dispositions à envahir le Midi?

Oui, et cela pourroit arriver de deux manières :

Si, à la suite d'une guerre civile, les anciennes peuplades du Nord parvenoient à reprendre leur première indépendance, il n'y a pas de doute que les mêmes causes produiroient encore les mêmes effets ; il n'y a pas de doute que le Midi seroit encore exposé à un grand nombre d'invasions.

Et si à la suite de la même guerre civile, en supposant ici que cette guerre eût été provoquée par les intrigues des peuples du Midi, les hommes qui dominent aujourd'hui dans le Nord parvenoient à ressaisir toute leur autorité (comme cela seroit de la plus grande probabilité), il n'y a pas de doute encore que le Midi pourroit être envahi, parce que les dominateurs du Nord, effrayés par l'idée de voir renouveler des tentatives qui compromettroient d'une manière si grave leur avenir et celui de leurs familles, chercheroient certainement à étouffer tout esprit de liberté chez les nations voisines.

Telles sont, à notre avis, les seules causes qui pourroient provoquer une nouvelle irruption générale des hommes du Nord dans le Midi.

Cependant il est des hommes qui feroient encore à notre place une troisième supposition, et qui diroient que sur les ruines de l'Empire russe il pourroit s'établir une république *une et indivisible*, ou *tout au moins fédérative*; mais, quant à nous, nous ne pouvons concevoir quel lien, autre que le despotisme, pourroit retenir ensemble cinquante nations si différentes par leurs habitudes et par leurs mœurs, et répandues sur une surface de terre qui équivaut peut-être à la vingtième partie du globe! et, pour mieux dire, cette idée nous paroît tellement absurde, que nous ne croyons pas devoir nous y arrêter plus longtemps; ainsi nous allons passer à l'examen de la quatrième question que nous nous sommes posée à nous-mêmes au commencement de cette note.

Si le Nord cherchoit de nouveau à envahir le Midi, ces

invasions seroient-elles aussi dangereuses pour nous qu'elles le furent autrefois pour nos pères ?

Telle est cette question sur laquelle, nous devons le dire, nous aurions bien de la peine à concevoir que les esprits pussent être divisés, car enfin le Nord n'est-il pas plus puissant aujourd'hui qu'autrefois, et le Midi n'est-il pas réellement plus foible que dans les temps anciens ?

Qu'étoit le Nord autrefois ? Un assemblage de peuplades souvent ennemies, qui n'étoient presque jamais d'accord, même pour les expéditions les plus importantes, et qui agissoient toujours isolément.

Et qu'étoit autrefois le Midi ? Une seule nation sous la domination des Romains et une nation bien homogène, par le soin qu'avoient eu les vainqueurs d'établir partout des colonies.

Et cependant les barbares triomphèrent !

Et aujourd'hui que le Nord forme une seule masse compacte, aujourd'hui que toutes les nations du Midi sont divisées par l'intérêt, et plus encore par l'esprit de système, à tel point que dans une lutte générale de la liberté contre le despotisme, nous ne pourrions pas compter sur la coopération franche de plusieurs peuples, tels que ceux de la Bohême, de l'Autriche et de la Hongrie, du Danemarck, et même de la Pologne, qui pourroit assurer que nous serions assez heureux pour résister à une attaque générale du Nord contre le Midi ?

Lorsqu'on songe qu'en pleine paix la Russie entretient sans peine une armée de huit cent mille hommes (c'est-à-dire une armée presque aussi nombreuse que toutes celles de l'Europe ensemble réunies), et lorsqu'on songe que si cette puisance se trouvoit menacée d'un grand danger, et surtout animée par un fanatisme quelconque, elle pourroit donner encore à ces forces un accroissement prodigieux, nous le demandons de nouveau, qui pourroit répondre de notre avenir?

Et vainement diroit-on que ces hommes sont des barbares; car, hélas! il n'est que trop constant que dans l'art funeste de la guerre les barbares deviennent bientôt aussi habiles que les hommes civilisés! Lorsqu'on voit l'armée russe faire les grandes manœuvres dans les environs de Moskou ou de Saint-Pétersbourg, la trouve-t-on beaucoup moins exercée que les autres armées de l'Europe? et, lorsqu'on la voit au combat, pourroit-on en trouver beaucoup d'autres qu'on pût lui préférer pour le courage, et surtout pour la discipline? Et cependant, examinez isolément tous les soldats qui la composent, ne sont-ce pas des barbares?

Ah! nous devons le dire, c'est précisément là ce qui fait la force de la Russie! Pendant plusieurs siècles toute cette nation a été plongée dans l'ignorance la plus profonde; et pendant cette longue période, elle n'a point été redoutable; mais aujourd'hui une partie de la population de ce pays est aussi civilisée qu'aucun peuple du monde, et elle a sous ses ordres plusieurs millions d'hommes qui lui obéissent aveuglément, et qui, par caractère, sont très-portés à la guerre. Et, il faut le dire, ces deux circonstances rendent presque impossible l'évaluation de la force de la Russie : car, comment calculer tout ce que pourroit faire, dans une longue guerre, une nation immense qui a toutes les ressources des nations civilisées, et une foule d'autres qui n'appartiennent qu'à une nation barbare? Cependant, s'il falloit absolument émettre notre jugement, nous dirions que la Russie, demi-barbare et demi-civilisée, comme elle l'est aujourd'hui, est forte comme le seroit la moitié de l'Europe bien unie; tandis que, si elle étoit tout-à-fait civilisée, elle seroit à peine forte comme l'Autriche et la Prusse ensemble réunies.

Mais, s'il nous est si bien démontré qu'une irruption des peuples du Nord dans le midi de l'Europe exposeroit notre liberté aux plus grands dangers, comment peut-il se trouver parmi nous des hommes qui cherchent par d'imprudentes provocations à faire naître une lutte dont l'issue pourroit être un jour si fatale à la civilisation et à la liberté de l'Europe?

Ah! nous devons l'avouer, un tel aveuglement nous afflige et nous étonne au dernier point. Et dans quels temps encore va-t-on provoquer les peuples du Nord? C'est lorsque tout le monde peut voir qu'on s'occupe avec le plus grand soin de civiliser la Russie (pour préparer ses peuples à passer sans secousse sous un meilleur ordre de choses) qu'on va inquiéter les hommes généreux qui dirigent ce grand œuvre, au point même de leur faire craindre pour leur propre existence!

Mais tels sont nos révolutionnaires! la bonne volonté des hommes dont nous parlons ne peut trouver grâce devant eux. Les voyez-vous, ces fougueux novateurs, allant visiter chaque année les nations du Nord, pour voir les progrès que la civilisation y a faits! Les voyez-vous accusant sans cesse la lenteur de ceux qui se sont chargés de cette noble entreprise! Et les voyez-vous enfin nous menaçant à tout instant de mettre aussi la main à l'œuvre...! Ah! nous les en supplions au nom même de cette liberté dont ils sont idolâtres, qu'ils se gardent de céder à leur impatience; car s'ils cherchoient à porter violemment la civilisation et la liberté en Russie, non seulement ils feroient retomber ce pays dans la barbarie dont il est à peine sorti depuis un siècle, mais ils exposeroient encore toute la vieille Europe à y retomber avec lui!

(28) Hélas! il faut bien le dire, ce danger ne seroit guères moins à craindre que l'autre, car si les peuples du Nord venoient comme autrefois attaquer les peuples du Midi avec toutes leurs forces, ces derniers ne pourroient certainement se soustraire à un si grand danger qu'en mettant toute leur population sous les armes; et si, comme nous en avons vu plus d'un exemple dans les temps anciens, surtout lors de la chute de l'Empire romain, ces guerres de géants duroient pendant plusieurs générations, que deviendroit à la fin la civilisation en Europe? Et, nous devons aussi le demander, que deviendroit la liberté qui y règne aujourd'hui?

Lorsque nous songeons à cette masse innombrable d'hommes de guerre que nécessiteroit notre défense, et lorsque nous songeons surtout à l'influence immense que pourroit exercer un chef victorieux sur cette multitude d'hommes avides de gloire et de plaisirs, et en même temps habitués à l'obéissance passive, comment ne craindrions-nous pas de voir le pouvoir absolu envahir en peu de temps une liberté que nous aurions conservée au prix de tant de sang?

Et ici on va voir à quelles extrémités nous réduit la supposition d'une guerre générale du Nord contre le Midi, puisque nous sommes obligés de déclarer que l'établissement du pouvoir absolu parmi nous, à la suite d'une telle guerre, seroit encore ce qui pourroit nous arriver de plus heureux, car au moins, sous la domination d'un seul homme, nous aurions l'espoir de conserver encore notre ancienne civilisation.

Si le pouvoir de cet homme n'étoit pas d'abord bien

assuré, il chercheroit à le consolider en faisant de grandes choses, des choses capables de lui attirer notre admiration, et capables peut-être de nous consoler de la perte de notre liberté.

Mais s'il venoit à s'établir une république après ces longues guerres dont nous venons de parler, quel sort nous seroit réservé? Que de partis se formeroient dans notre patrie; et au milieu de toutes les horreurs de ces guerres civiles auxquelles nous ne pourrions échapper, que deviendroit la civilisation parmi nous?

Lorsque nous songeons à quels excès peut se porter l'homme préocupé par l'idée d'une chimérique liberté, lorsque nous songeons que les plus fougueux apôtres de la liberté nous ont mille fois répété, pendant notre affreuse révolution, *qu'un bon sans-culotte ne devoit pas savoir lire* (pour leur plaire, il ne falloit que savoir crier vive la république, sans comprendre ce que c'étoit qu'une république, et égorger tous ceux qui ne répétoient pas ce cri), ô Ciel! nous le demandons encore avec la plus vive inquiétude, que deviendroit parmi nous la civilisation?

Et cette belle France, aujourd'hui l'orgueil de l'Europe, ne deviendroit-elle pas, avec cette liberté que nos républicains veulent nous donner, un ramas de peuplades barbares, comme celles qui existent aujourd'hui et qui se disent si libres au milieu des déserts de l'Afrique et de l'Asie, théâtres de leurs brigandages?

(29) Tout le mal vient de ceux qui veulent persuader aux nations qu'elles jouissent chez elles d'une liberté absolue, comme si la liberté absolue, c'est-à-dire, le droit de faire indistinctement tout ce qui plaît, pouvoit exister quelque part pour l'homme.

Existe-t-elle, cette liberté, dans l'état de nature? et croit-on, par exemple, qu'un Sauvage qui verroit un Sauvage, son voisin, mettre le feu à sa cabane par caprice, ne seroit pas en droit d'éteindre cet incendie, s'il pouvoit craindre que cet incendie ne détruisît son habitation?

Existe-t-elle, cette même liberté, dans l'état social, où on nous impose tant de règles, tant de gêne, pour motifs d'utilité publique?

Et enfin, nous le demandons, peut-elle exister cette liberté absolue, pour des nations qui, aujourd'hui surtout, ont entre elles tant de rapports fondés sur des besoins, sur des nécessités réciproques? Et si le droit des gens n'a pas déterminé minutieusement (comme l'a fait le droit civil pour les particuliers) tout ce qu'une nation peut faire, et ce qu'elle ne peut pas faire, pense-t-on qu'il ne reconnoisse pas ce principe que nous voyons dominer dans tous les rapports de l'homme avec ses semblables, ce principe que nous concevons si bien en tout temps, lorsque nous disons à nos voisins : *Usez de votre liberté de manière à ne pas compromettre la nôtre*, et que nous concevons bien aussi lorsque nous sommes de sang-froid, et que nos voisins viennent nous faire la même demande?

Disons donc que la liberté absolue est une chimère. Et s'il se trouve des hommes qui cherchent à prêcher cette doctrine aux nations, croyez qu'ils ne sont pas de bonne foi, ou plutôt croyez qu'ils ont un grand intérêt à accréditer cette erreur! Véritablement, si cette doctrine pouvoit être généralement admise, ce seroit une chose bien commode *pour tous les entrepreneurs de révolutions*. Ils n'auroient plus alors à calculer que les obstacles que pourroit présenter à l'exécution de leurs projets chaque pays pris isolément; ce qui souvent ne seroit pas bien difficile; et aujourd'hui, ils ont tant de peine à déterminer l'influence défavorable que peut exercer contre eux une intervention étrangère!

(30) Combien de fois la civilisation et la liberté n'ontelles pas déjà péri sur la terre? Et, si aujourd'hui elles y font de grands progrès, qui nous garantit qu'elles n'y périront pas encore? Peut-être même ce moment est-il beaucoup moins éloigné que nous ne le croyons; et, s'il faut le dire, nous avons tout lieu de craindre que la civilisation et la liberté ne périssent par l'imprudence de ceux mêmes qui se disent leurs apôtres, et qui, portant en leur nom le trouble au sein de toutes les puissances, provoquent contre elles la plus funeste résistance. Et si nous voulons qu'elles ne périssent point en Europe, commençons par réduire au silence tous ces hommes qui se montrent si ardens à les présenter par toute la terre (mais qui les font repousser partout, parce que partout ils veulent obliger les nations à les adopter sur-le-champ sans réflexion et sans aucune préparation), et que désormais elles n'aient plus d'autres guides que la sagesse et le temps!

Mais, dira-t-on, avec de pareils guides, combien leurs progrès seront lents? Sans doute ils paroîtront bien lents pour l'impatience des novateurs de nos jours; mais quant à nous qui voulons avant toutes choses conserver ce brillant héritage que nous ont transmis nos ancêtres (et auquel nous devons bien tenir, puisqu'il a fallu, comme nous l'avons dit dans une de ces notes, plus de huit siècles à la sagesse de nos Rois pour le rendre aussi riche qu'il l'est aujourd'hui), nous nous estimerons très-heureux si, en le transmettant à nos descendans sans l'avoir compromis, nous sommes parvenus en même temps à éloigner un peu de nous les limites de la barbarie en propageant chez nos voisins, par l'influence de la raison seulement, cette civilisation et cette sage liberté dont nous jouissons aujourd'hui.

Cependant il ne faut pas croire que dans cette dernière hypothèse même (c'est-à-dire en supposant que nous n'employassions que des moyens de douceur), les progrès des lumières fussent long-temps insensibles en Europe; car en temps de paix, les barbares ne font point de prosélytes : les peuples civilisés en font, au contraire, beaucoup : et qui peut calculer à quel point deux puissances comme la France et l'Angleterre qui exercent aujourd'hui parmi les nations une si grande influence par leur force, par leur commerce, et surtout *par leurs livres*, pourroient éclairer l'Europe pendant une longue paix ?

Ah! que la paix subsiste en Europe pendant un siècle seulement, et la civilisation et la liberté pénétreront jusqu'aux limites du monde !

www.ingramcontent.com/pod-product-compliance
Ingram Content Group UK Ltd.
Pitfield, Milton Keynes, MK11 3LW, UK
UKHW020415230726
13925UKWH00004B/1440